Introduction

Imaginez : demain matin, vous vous réveillez avec une vision parfaitement claire de qui vous êtes, de votre force créatrice infinie et de votre chemin sur cette Terre. Vos doutes, vos peurs et vos soucis ont disparu comme par enchantement, et vous baignez dans un état merveilleux de confiance profonde et de joie de vivre totale. Imaginez : vous ouvrez les yeux et, pour la première fois de votre vie, vous prenez pleinement conscience du cadeau que vous êtes pour le monde et, en même temps, du cadeau que le monde est pour vous.

Même si votre cerveau a encore un peu de mal à croire possible un réveil aussi magique, une voix à l'intérieur de vous semble associer cet état à un retour à la maison. Et c'est exactement ce dont il s'agit. Vous êtes enfin de retour chez vous ! Vous pouvez désormais accéder à votre puissance créatrice illimitée et au courage de suivre votre propre route, même si cela implique de prendre des risques, de clore le passé, de lâcher prise, d'initier de nouvelles choses et de vous redéfinir. Le deal que nous passons tous en décidant de venir au monde n'est pas de raser les murs et de tout faire pour passer à travers les gouttes, mais de considérer cette vie, infiniment précieuse, comme une chance unique de nous positionner en tant que créateurs de nos propres expériences et de faire briller notre lumière le plus largement possible. L'enjeu est d'embrasser tout ce qui est. Est-ce toujours facile ? Non. Cela en vaut-il la peine ? Toujours.

Vous êtes absolument unique sur cette Terre. À nul autre pareil. Personne n'a la même apparence que vous, personne ne parle comme vous et, surtout, personne n'a cette combinaison unique formée par vos talents, vos connaissances, votre créativité, vos rêves, vos expériences et votre histoire. Ce serait une perte immense pour le monde si, par souci de ne pas vous faire remarquer, vous tentiez de dissimuler votre originalité fondamentale – ou, pire, si vous choisissiez de ne pas partir à la recherche de votre singularité et d'attribuer au pur hasard la vie que vous menez au moment où vous êtes en train de la vivre. Un pur hasard, votre existence ? Je peux vous assurer que ce n'est pas le cas. Dans l'Univers qui est le nôtre, les hasards n'existent pas. Tout a sa place. Et vous avez la vôtre aussi.

Mais il n'y a que vous qui puissiez déterminer les dimensions de votre propre existence, sa profondeur et son étendue. C'est vous qui posez des limites et mettez des barrières ou, au contraire, qui ouvrez la porte à de nouvelles possibilités. Personne d'autre que vous ne peut vous autoriser à vivre véritablement votre vie. Vous seul pouvez prendre la décision de faire briller votre lumière et de vous montrer au monde.

Avec ce livre, j'aimerais vous rappeler le chemin qui est le vôtre ici-bas. Vous rappeler qu'il est parfaitement normal d'avoir peur et de douter, mais que vous portez en vous une force mille fois plus puissante que n'importe quelle peur ou n'importe quel doute. Cette force, c'est l'amour.

Écoutez votre cœur

« N'oublie pas qui tu es. Tu es mon fils
et c'est toi le roi. N'oublie pas qui tu es... »

■ **Le Roi Lion**

Fermez les yeux quelques instants, inspirez profondément par le nez et expirez à fond. Puis portez toute votre attention sur votre cœur.

Sentez le rythme régulier de ses battements. Reliez-vous à l'énergie vitale qui circule à l'intérieur de vous.

Votre cœur bat plus de cent mille fois par jour pour vous. Il vous envoie un message clair : « Vis ! » À chaque battement, votre cœur vous dit : « Vis ! vis une vie d'exception, vis avec courage, vis avec joie, vis avec force, vis pour exprimer l'amour, vis comme l'expression de ton moi la plus complète. »

À chaque nouvelle pulsation, votre cœur espère que vous n'allez pas oublier, que vous n'allez pas oublier votre caractère unique, que vous allez vous rappeler que vous êtes constamment entouré d'amour et protégé. À chaque nouveau battement, il vous souffle : « Tu n'as pas besoin d'avoir peur. Tu n'as qu'à m'écouter, écouter mon message, écouter ce que je tente de te dire à chaque fois que je bats : Tu es un cadeau pour ce monde, tu es un être infiniment précieux et tu n'as rien à redouter. »

Votre cœur est le centre de votre énergie vitale. Il est la source de votre inspiration, de votre créativité, de l'amour apporté au monde à travers vous et de votre puissance créatrice. Chaque individu sur Terre a pour mission de réapprendre le langage du cœur, de l'écouter, de le comprendre, de le parler et de vivre en accord avec lui.

Je me rappelle encore très bien la période de ma vie où le langage de mon cœur m'apparaissait comme une langue étrangère. J'étais tout simplement incapable de comprendre ce qu'il me disait, et m'imaginer le rouvrir malgré les blessures, m'imaginer aimer et vivre à nouveau en pleine confiance, m'effrayait. Ma peur m'apportait un semblant de sécurité. Je pouvais m'abriter derrière elle, et elle constituait un bon prétexte. Tant que j'avais peur, je n'avais pas besoin de prendre de décisions courageuses ni d'ouvrir mon cœur, et je pouvais rester dans mon trou de souris. Le problème, c'est que j'étais tout sauf heureuse.

Nous n'avons pas reçu le don de la vie pour mener une existence sans éclat, pour vivre une « petite vie », pour vivre en veilleuse. Nous pouvons faire ce choix, bien sûr, mais notre cœur nous a été livré avec une boussole qui ne sait pas rester muette et nous avertira jusqu'à la fin de nos jours si nous prenons la mauvaise direction. Nous le sentons bien, d'ailleurs. Nous savons intuitivement quand nous vivons en contradiction avec notre propre nature. Nous possédons tous un GPS intégré dans notre cœur qui, inlassablement, nous indique quand nous avons dévié de notre route et pris le chemin de la peur au lieu de suivre celui de l'amour.

Au fil du temps, nous, les êtres humains, avons mis au point les techniques les plus diverses pour tenter de faire taire notre cœur, d'une manière ou d'une autre. Nous buvons de l'alcool, prenons des drogues, travaillons jusqu'à l'épuisement et multiplions les achats inutiles pour nous apercevoir, au bout du compte, que le cœur est impossible à réduire au silence. Il trouvera toujours le moyen de vous rappeler à son bon souvenir. À chaque nouveau battement, il vous envoie le message suivant : «Cette existence a pour toi de bien plus grandes ambitions que celle de te faire vivre en opposition avec ta vraie nature.»

Aujourd'hui, je comprends que le cœur n'a pas pour vocation de rester indemne, car il sait que chaque blessure constitue une nouvelle occasion d'apprendre à aimer encore plus fort qu'avant. Notre cœur est beaucoup plus solide que nous le pensons. Il est la source d'une énergie qui ne peut pas s'épuiser et ne s'épuisera jamais tant que nous décidons d'aimer.

L'instant où vous ouvrez les yeux, chaque matin, vous offre la possibilité nouvelle de rouvrir aussi votre cœur et de vous relier à votre force créatrice. Chaque jour, avec votre façon de vivre, vous écrivez votre propre histoire. Chaque jour est une nouvelle occasion d'écrire l'histoire de votre vie, une histoire que vous voudriez gravée à jamais dans votre mémoire. Votre vie est l'expression unique de votre être, et vous seul pouvez vous autoriser à vous créer une vie d'exception, conforme à votre nature.

Chacune de vos pensées, chacune de vos décisions, chacune de vos actions a une force créatrice. Vous ne pouvez pas *ne pas* créer. Mais vous pouvez choisir de créer, soit *en contradiction*, soit *en accord* avec qui vous êtes. Cette décision vous appartient toujours. Alors pourquoi ne pas vous créer directement une vie dont vous pouvez être fier et qui jaillit de votre cœur ?

Reliez-vous à votre force créatrice

Récemment, j'étais en taxi pour rejoindre l'aéroport, et je me suis mise à discuter avec le conducteur. Il s'appelait Karl. Un homme probablement âgé d'une quarantaine d'années, doté d'une bonne dose d'humour et, comme je l'ai rapidement constaté au cours de notre conversation, qui semble avoir le cœur sur la main. J'adore discuter avec les gens et les écouter parler de leurs rêves. Il y a quelque chose de magique à les entendre dévoiler peu à peu leurs aspirations ou ce qu'ils aimeraient faire de leur vie. D'ailleurs, Karl m'a beaucoup surprise en me racontant que son rêve avait toujours été de travailler au contact des animaux, et que son vœu le plus cher serait de travailler dans un zoo pour y soigner les bêtes. J'étais très émue de voir et de sentir la force de son rêve, la joie qu'il lui procurait. Alors je lui ai demandé ce qui l'avait empêché jusque-là de le concrétiser. Lorsqu'il m'a souri d'un air triste, je me suis rendu compte qu'il avait enterré son rêve d'enfant depuis bien longtemps déjà, en vérité, et qu'il ne croyait plus en lui. Il s'était donné tant de raisons pour se résoudre à l'idée que son rêve resterait toujours un rêve…

Nous étions presque arrivés à l'aéroport lorsque je lui ai dit : « Karl, vous l'avez peut-être oublié, mais sachez qu'il n'est jamais trop tard pour prendre votre courage à deux mains et vous rappeler que vous n'êtes pas là, sur cette Terre, par hasard. Peut-être que dans un zoo, quelque part, un ours blanc est justement en train d'attendre désespérément que vous vous occupiez enfin de lui, ou qu'un éléphant ne comprend pas pourquoi vous mettez tant de temps à vivre enfin votre vie et à lui frotter les oreilles. Tout s'inscrit dans une dimension plus vaste, et nous ne savons jamais pour qui nous ferons vraiment la différence si nous suivons notre vocation. Votre cœur essaie de vous montrer la voie. Ne laissez pas vos peurs vous détourner de votre vrai chemin. »

Karl m'a regardée un peu étonné, surpris de mon petit discours de motivation, mais j'ai vu qu'il avait compris ce que j'essayais de lui dire. Une fois assise à bord de l'avion, j'ai repensé encore longtemps à lui, l'imaginant travailler un jour au zoo, s'occuper avec amour des ours blancs et des éléphants. J'ignore s'il a pris le chemin de son rêve. En tout cas, depuis, je ne l'ai plus jamais revu au volant d'un taxi.

Pour les raisons les plus diverses, notre existence ressemble parfois à celle de Karl. Nous avons un rêve, une idée ou une intuition, et puis certains événements de la vie interviennent et nous laissons des circonstances extérieures déterminer le cours de notre existence au lieu d'en décider nous-mêmes. Nous trouvons toutes sortes d'excuses et de justifications pour nous dire qu'il est trop tard, trop tard pour tout recommencer, ou qu'il nous manque quelque chose pour concrétiser notre rêve. Nous oublions progressivement qu'au fond de nous se cache une force créatrice infiniment puissante qui n'attend qu'une chose : que nous l'activions et la mettions à profit. Oh, nous pouvons nier son existence aussi longtemps que nous le voulons ! De toute façon, elle ne disparaîtra jamais et demeure en chacun d'entre nous. Elle est notre nature véritable et peut être réveillée à tout moment.

La seule clé pour réactiver notre propre force créatrice, notre superpuissance naturelle, est de croire en nous-mêmes. À l'instant où nous recommençons à croire en nous et à créer un espace pour accueillir de nouvelles possibilités infinies, notre force créatrice se met en marche. Si vous croyez en vous-même, vous nourrissez une force invisible qui va rendre possible l'impossible et vous amener à réaliser que vous êtes bien plus que votre ego, que votre corps, que votre nom ou que votre profession. Croire en vous-même vous donne accès à un niveau plus profond de votre âme et à votre origine spirituelle, vous permet de voir avec votre cœur et non plus avec vos yeux. Votre foi en vous-même vous met en contact avec l'éternité de votre âme. Plus elle sera inébranlable, plus votre vie sera jalonnée de miracles. Pourquoi ? Parce que vous accéderez à la source divine de votre force créatrice.

La voix de votre part spirituelle

La seule clé pour activer votre force créatrice est de croire en vous-même.

Il est du devoir de tout individu de raviver sa foi en lui-même et de se relier à sa force intérieure pour pouvoir donner vie à ce qu'il imagine. Vous êtes une partie de cet Univers infini, et vous portez sa force en vous. Pas seulement au sens figuré, mais aussi au sens propre : l'Univers vit en vous. La quasi-totalité des atomes dont votre corps est constitué provient pour moitié de la Voie lactée, l'autre moitié étant issue de galaxies encore plus éloignées. Les atomes de votre corps sont nés du big bang et d'une collision d'étoiles, et ils ont parcouru l'Univers pendant des milliards d'années jusqu'à trouver, un jour, le chemin de l'atmosphère terrestre et pouvoir se matérialiser dans votre corps. En vérité, vous êtes poussière d'étoiles. Vous portez en vous l'énergie et la force des étoiles. Vous êtes l'Univers en mouvement extatique.

Se reconnecter à cette force et à cette sagesse implique de sortir d'une conscience étroite pour devenir soi-même créateur avec les forces de l'Univers.

Les deux jours les plus importants de notre vie sont le jour où nous naissons et le jour où nous découvrons pourquoi. Ce n'est pas un hasard si vous vivez aujourd'hui sur cette planète. Ce n'est pas un hasard si vous avez choisi justement cette vie. L'Univers est régi par le principe de causalité en vertu duquel il ne peut pas y avoir d'effet sans cause. Pourquoi vivez-vous justement ici, sur cette Terre, et au XXIe siècle ? Parce que vous avez choisi cette vie pour pouvoir vous éprouver en tant qu'être spirituel à travers une expérience humaine. À cet égard, tout est interconnecté. Votre vie sur Terre a un impact sur toutes les autres vies. Outre notre expérience individuelle, celle que nous faisons de nous-mêmes à nous-mêmes, nous permettons à l'ensemble des personnes que nous rencontrons dans notre vie de s'expérimenter à notre contact. La question est la suivante : En quoi voudriez-vous être utile aux autres et servir leur propre expérience d'eux-mêmes ?

Voudriez-vous que les personnes qui vous rencontrent soient plus inspirées, plus motivées et plus heureuses après vous avoir croisé ?

Voudriez-vous qu'elles évoluent, qu'elles en viennent à reconnaître leur propre lumière et qu'elles redécouvrent la force de croire en elles-mêmes ?

Voudriez-vous qu'elles se rendent compte, grâce à vous, que l'Univers est un lieu d'abondance et non de manque ?

Si trois oui jaillissent spontanément du plus profond de votre cœur, alors vous avez fait le premier pas et franchi l'étape la plus importante pour vous relier à votre part spirituelle. Votre part spirituelle est votre part la plus évoluée, celle qui sait que vous êtes bien plus que votre corps et que tout ce que vous pouvez percevoir à travers vos cinq sens. Sa mission consiste notamment à veiller à ce que vous utilisiez votre force créatrice pour le plus grand bien de tout ce qui vit et non pour servir les intentions limitées de votre ego. Votre part spirituelle est d'essence céleste, directement reliée à la force de l'Univers. Elle incarne votre maître intérieur, votre propre source de sagesse, et vivre en lien avec votre part spirituelle signifie vivre dans l'amour et l'épanouissement de l'être. Le jour où vous reconnaîtrez que vous êtes en réalité beaucoup plus puissant que ce que vous supposiez jusqu'à présent est l'instant où vous commencerez à vivre vraiment. C'est le jour où vous comprendrez que vous avez apporté ici-bas quelque chose d'incroyablement précieux et unique et qu'il est de votre devoir de partager ce cadeau avec le monde. Et peu importe que vous touchiez un seul individu ou un million de personnes. Ce qui compte, c'est que vous compreniez que vous êtes infiniment estimable et qu'il existe quelque chose que vous êtes le seul à pouvoir partager : le cadeau que vous êtes pour le monde.

La voix de votre part spirituelle

Vous êtes infiniment plus puissant
que ce que vous croyez.

Croyez que c'est possible : 11 exercices pour activer votre force créatrice au quotidien

Je vous promets que lorsque vous avez goûté à votre propre force créatrice et que vous êtes engagé à vous créer une vie en accord avec votre part spirituelle, vous ne pouvez plus imaginer avoir vécu autrement. C'est comme si vous plongiez dans un nouveau monde de possibilités.

J'aimerais vous faire partager onze exercices à intégrer facilement dans votre quotidien. Leur objectif ? Vous permettre de vivre consciemment en relation avec votre part spirituelle et de stabiliser votre énergie à une fréquence élevée. Votre fréquence est la vibration énergétique que vous émettez et sur laquelle vous recevez. Étant donné que ce qui se ressemble s'assemble, vous recevrez toujours ce que vous émettez. Plus votre énergie est positive, plus vous attirez du positif dans votre existence. C'est justement dans la vie quotidienne que notre ego est le plus tenté de nous pousser à nous accrocher aux vieux schémas, à nous dévaloriser ou à dévaloriser les autres, et à restreindre notre énergie au lieu de l'amplifier. Par conséquent, les petits ancrages et les moments de pleine conscience sont d'autant plus utiles qu'ils peuvent nous aider à maintenir notre énergie à un niveau élevé et à agir par amour plutôt que de laisser nos peurs nous limiter et restreindre nos ambitions.

la voix de votre part spirituelle

Soyez convaincu que l'Univers est toujours à vos côtés.
Cherchez ce qui est bon et bien en vous,
et vous le trouverez en abondance.

Exercice n° 1

Osez rêver en grand

Oser rêver en grand constitue une manière très puissante d'activer votre force créatrice, et plus vos rêves sont ambitieux, mieux c'est ! Lorsque vous vous autorisez à penser et à rêver avec suffisamment d'audace et de détermination, votre cerveau va automatiquement chercher des moyens de concrétiser vos aspirations. Tout comme votre système respiratoire a besoin d'oxygène pour fonctionner, votre part spirituelle a besoin de toute la « matière noble » que vous lui donnez avec vos rêves et vos idées.

La créativité est impossible si elle n'est pas nourrie par des aspirations suffisamment élevées. Vos grands rêves et vos grandes idées donnent toutes ses couleurs à votre existence et à ce que vous en faites. Ils sont le sel de votre vie. Tout ce que vous avez aujourd'hui entre vos mains a commencé par une idée dans la tête de celui ou celle qui l'a imaginé. Sans les visions et les rêves puissants d'hommes et de femmes, notre monde serait vide et terne.

Malheureusement, nos rêves meurent souvent avant d'être rêvés jusqu'au bout parce que notre voix critique à l'intérieur de nous prend la parole et juge qu'il y a trop de problèmes et de difficultés à les mettre en œuvre. Alors nous nous laissons stopper dans notre élan avant même d'avoir fait le premier pas. C'est oublier qu'en réalité notre imagination et nos idées sont sans limites.

Par conséquent, exercez-vous au quotidien à rêver davantage et à ouvrir à l'intérieur de vous un espace où de nouvelles idées peuvent trouver leur place. Pour l'instant, il n'est pas encore question d'imaginer comment vous allez vous y prendre pour concrétiser vos rêves ; il s'agit juste de vous redonner la permission de rêver et de vous laisser inspirer par tout ce qui vous vient à l'esprit, sans vous censurer dès le départ.

Par exemple, quand vous êtes dans le train ou faites la queue à la caisse du magasin.

• Commencez à laisser un film se dérouler sous votre regard intérieur – un film qui parle de tout ce que vous souhaitez vivre maintenant et demain.
• Imaginez que vous êtes le réalisateur de ce film et que vous disposez d'un budget illimité.
• Visualisez chaque détail, les gens, les lieux, et pendant que vous laissez défiler les images devant vos yeux, autorisez-vous aussi à sentir ce que cela vous fait d'imaginer la vie à laquelle vous aspirez. Votre âme pense en images. Plus vos images seront belles et fortes, plus il vous sera aisé de les faire devenir réalité.

Exercice n° 2

Notez vos aspirations par écrit

Même s'il est déjà très puissant de visualiser régulièrement vos rêves et vos idées, vous renforcerez considérablement l'efficacité de ces visualisations en notant vos aspirations par écrit.

Personnellement, j'ai déjà pu expérimenter de nombreuses fois l'effet absolument magique d'écrire mes rêves. Je me rappelle encore parfaitement avoir écrit dans mon journal, il y a des années, que je souhaitais donner une conférence TED et que les organisateurs de ce type de conférence me contactent. À l'époque, je venais juste de terminer mes études, je travaillais comme agent artistique dans le domaine de la musique et je n'avais encore jamais donné de conférences publiques. Je n'avais pas la moindre idée de la date ou du lieu où j'allais pouvoir donner ma première conférence TED. J'écoutais seulement la petite voix en moi qui formulait ce souhait.

Au lieu de considérer ce désir comme une idée absurde et de le rejeter d'emblée, je l'ai écrit dans mon journal et, en rentrant chez moi le soir, j'ai fixé sur mon tableau de visualisation une image de la scène où se déroulaient les conférences TED. Trois ans plus tard, je recevais un courriel de l'équipe TEDxStuttgart qui m'invitait à participer à sa prochaine conférence. Ce fut une expérience formidable et, à mes yeux, une nouvelle preuve du pouvoir qui est le nôtre de créer notre propre réalité. Mon journal est rempli de désirs, d'idées et de rêves que je visualise. Au moment où je les note par écrit, ils m'apparaissent souvent très loin et irréalisables, mais tous se sont réalisés un jour. Sans exception.

De préférence le matin ou le soir, accordez-vous un moment pour noter par écrit vos objectifs, vos aspirations et vos idées. En général, je procède très simplement : je note des mots-clés, puis je les lis et les visualise avec mon regard intérieur. Comme je l'ai expliqué précédemment, à ce stade il ne s'agit pas encore d'avoir un projet ni de savoir comment concrétiser ce que vous vous représentez dans votre tête, mais juste de donner du souffle à vos rêves et l'espace dont ils ont besoin pour se déployer. Après avoir noté l'essentiel de ce qui vous anime, posez votre crayon et réjouissez-vous en vous disant que l'avenir dont vous rêvez, ou un avenir encore meilleur, vous attend.

Comme moi, vous pouvez également utiliser un tableau de visualisation sur lequel vous fixez des images de tout ce que vous désirez créer, expérimenter ou voir se produire dans votre vie. Et chaque fois que vous regardez ce tableau, vous réactivez automatiquement dans votre inconscient les rêves que vous portez en vous.

Exercice n° 3 :

Acceptez les brocolis et les épinards de l'Univers

J'ignore comment les choses se passaient chez vous, mais lorsque j'étais petite, mes parents voulaient toujours que je mange beaucoup de légumes. Et surtout des légumes verts tels que les épinards ou les brocolis. Pour moi, cela n'avait aucun sens et je ne comprenais pas pourquoi ils mettaient l'accent sur les légumes verts au lieu de leur préférer une délicieuse glace, des biscuits, du chocolat ou des crêpes. Aujourd'hui, presque vingt ans plus tard, je comprends parfaitement leur démarche. Ils m'ont fait manger des aliments bénéfiques pour ma santé et importants pour ma croissance.

Vous pouvez vous représenter de la même manière votre relation à l'Univers. L'Univers vous aime comme son propre enfant et il sait que vous préféreriez, et de loin, passer vos journées à faire uniquement des choses qui vous font plaisir, ne jamais traverser de crises et que tout aille toujours comme sur des roulettes dans votre vie, autrement dit que tout se déroule exactement comme vous le souhaitez, au moment où vous le souhaitez. Simplement, il a quelques milliards d'années de plus que vous et un autre regard sur le sens de votre existence. Il voudrait que vous puissiez évoluer, apprendre, faire des expériences nombreuses et variées. L'Univers vit et se vit à travers vous. Il n'a aucun intérêt à ce que votre existence soit du plaisir perpétuel et ne laisse aucune place aux transformations, car la vie est transformation. Il veut que vous viviez pleinement, totalement. C'est pourquoi il vous offrira sans cesse la possibilité d'expérimenter la vie dans toute sa diversité, avec ses hauts et ses bas. Maintenant, vous comprenez pourquoi il vous resservira systématiquement une assiette pleine de brocolis et d'épinards. Non pas parce qu'il ne vous aime pas, mais justement parce qu'il vous aime et sait qu'à trop manger de crèmes glacées vous ne récolterez que des caries. Et, quelques années plus tard, lorsque nous regardons en arrière et nous rappelons nos expériences difficiles, nous reconnaissons qu'elles ont enrichi notre vie. Ô combien !

Considérez, avec le recul, tout ce que vous avez vécu jusque-là, et vous y verrez sans doute un cadeau de la vie. Souvenez-vous de tous les moments où, au départ, vous ne parveniez pas à comprendre pourquoi vous étiez confronté à telle ou telle crise ou à tel ou tel problème et où vous auriez préféré jeter l'éponge. Peut-être vous êtes-vous dit alors : « Pourquoi m'arrive-t-il cela, à moi ? Pourquoi la vie est-elle si injuste ? » Et peut-être pensez-vous aujourd'hui : « Heureusement que j'ai vécu cela ! » Cela vous parle ? Ce sont des « moments brocolis » ! À partir de maintenant, vous pouvez vous dire à chaque nouvelle crise que vous rencontrez : « Mmm, délicieux ! enfin une nouvelle assiette d'épinards et de brocolis ! Merci, l'Univers, de prendre autant soin de moi ! » Ainsi, accepter de vous confronter aux difficultés de la vie vous évite de vous sentir ballotté de-ci de-là, d'être le jouet des circonstances, et vous permet au contraire de réagir de manière créative et active à tout ce qui vous arrive de l'extérieur. Cette attitude intérieure positive et sereine face aux crises et aux défis de l'existence va non seulement vous donner une confiance profonde dans votre avenir, mais aussi vous enseigner des choses que vous ne comprendrez que si vous acceptez ces expériences difficiles et que la vie a, elle aussi, ses facettes sombres.

Exercice n° 4

Fermez les yeux et soyez en paix

Votre monde intérieur crée votre environnement. Ce sont vos convictions, vos pensées, vos sentiments, vos émotions et vos décisions qui, en fin de compte, sont responsables de la manière dont vous percevez votre monde extérieur. Pourtant, nous avons tendance à éprouver tout le contraire au quotidien et à avoir l'impression que c'est notre monde extérieur qui détermine notre climat intérieur.

La méthode la plus efficace et la plus saine pour pallier ce problème consiste à utiliser vos petites pauses ou vos quelque temps morts de la journée pour fermer les yeux et diriger vos sens vers l'intérieur. Cet instant où vous vous arrêtez, où vous fermez les yeux, où vous inspirez et expirez à fond, et où vous arrivez chez vous est magique. Aussi bref soit-il, il a le pouvoir de réorienter complètement votre attention pour vous permettre de prendre une meilleure décision et de revenir dans votre cœur. Profitez-en pour vous poser les questions suivantes :

« Quelle est la vie que je souhaiterais ? »

« Suis-je dans l'amour ou dans la peur ? »

« Finalement, ma vision des choses me sert-elle ou me dessert-elle ? »

« Que ferait l'amour, là, maintenant ? »

N'écoutez que ce que vous considérez comme des réponses. Ces réponses doivent venir du cœur. Prier signifie parler à Dieu. Méditer signifie écouter Dieu. Au bout de quelques minutes de méditation, vous allez déjà sentir à quel point vous êtes relié. Alors en début et en fin de journée, réservez-vous chaque jour un moment pour effectuer ce bilan intérieur et spirituel et, grâce au pouvoir de la méditation, réalignez vos pensées, vos émotions et vos sentiments sur vos rêves et vos désirs.

Exercice n° 5

Chaque jour, posez un acte qui vous rapproche de votre rêve

Nous rêvons tous, d'une manière ou d'une autre, d'une vie d'exception. Mais en fin de compte, il n'existe qu'une seule voie pour y parvenir : l'action. Vous êtes le créateur ou la créatrice de votre vie. Chaque décision que vous prenez, chaque parole que vous prononcez, chaque acte que vous posez possède une force créatrice. Par conséquent, vous n'avez que deux possibilités : soit vous vous créez la vie que vous souhaitez, soit vous ne faites rien. En vérité, votre vie ne dépend pas des circonstances extérieures, mais uniquement de votre disposition intérieure, de votre volonté, de votre persévérance et de votre enthousiasme à la vivre.

Peut-être croyez-vous à cet instant que cela ne vaut que pour les autres, tous les autres, mais pas pour vous ? Permettez-moi alors de vous raconter l'histoire incroyablement inspirante d'une femme, Tererai Trent, née en 1965 au Zimbabwe. En tant que fille, il lui était interdit d'aller à l'école, mais cela ne réussit pas à la dissuader d'apprendre à lire et à écrire en cachette avec les manuels scolaires de ses frères. À l'âge de 14 ans, Tererai fut donnée en mariage contre une vache et, à 18 ans, elle était déjà mère de trois enfants. Un jour, une femme qui travaillait pour une organisation d'aide humanitaire arriva dans son village et lui demanda quels étaient ses rêves. Surprise, Tererai craignit d'abord d'y répondre parce que personne ne lui avait encore jamais posé cette question, mais elle finit par se livrer à l'étrangère : « J'aimerais aller en Amérique et étudier à l'université. » À partir de ce jour, elle travailla sans relâche à concrétiser son rêve. Elle rattrapa le temps perdu et décrocha son baccalauréat, puis multiplia les candidatures auprès des universités américaines. Enfin, en 1998, elle vit son dossier accepté par l'Oklahoma State University et s'envola aux États-Unis avec ses enfants. Elle étudiait le jour et travaillait la nuit comme serveuse. Des supermarchés lui donnaient gratuitement de la nourriture invendue qu'ils auraient jetée autrement, ce qui leur permettait de se nourrir, elle et ses enfants. En 2009, Tererai Trent obtint son doctorat à la Western Michigan University. Depuis, elle a fondé sa propre école au Zimbabwe et écrit de nombreux livres.

Je me remémore cette histoire à chaque fois que mon ego tente de me dire que quelque chose ne va pas, que c'est trop compliqué ou trop fatigant. Si Tererai Trent a réussi à se créer cette vie incroyable dont elle rêvait, alors tout est possible, ou presque.

Prenez l'habitude d'agir sans croire que votre projet doit d'abord être parfait ou que vous devez encore apprendre telle ou telle chose avant de vous lancer. Allez-y ! Aujourd'hui est un bon jour pour commencer ! Vous êtes relié à une source infiniment puissante qui va vous soutenir avec amour tout au long de votre chemin et dans la poursuite de vos rêves. Mais c'est à vous de faire le premier pas.

Exercice n° 6
Faites participer le monde à vos projets

Selon la loi de la polarité universelle, toute chose a son pendant dans l'Univers. Tout ce qui existe possède deux faces. Par conséquent, votre force créatrice a inévitablement son contraire : votre petit démon intérieur. Sachez que pour votre petit démon intérieur, il n'existe pas plus mauvaise nouvelle que celle d'apprendre que vous voudriez bien changer quelque chose dans votre vie ou – encore pire – agir dans un domaine qui se situe en dehors de votre zone de confort. C'est à ce moment-là qu'il va se manifester et tenter par tous les moyens de vous détourner de votre objectif.

Étant donné que nous savons tous que notre petit démon intérieur va nous faire signe tôt ou tard, il nous faut un plan B qui tienne la route. Alors quoi de mieux que de parler de ce qui vous anime à toutes les personnes qui vous sont chères, de les faire participer à vos projets et de revendiquer publiquement qui vous êtes et quels sont vos rêves ? Les personnes qui vous aiment et voient à quel point le projet que vous nourrissez est important pour vous seront toujours là pour vous rappeler votre rêve lorsque vous vous mettrez à douter. En vous engageant publiquement à poursuivre ce qui vous tient à cœur, vous envoyez à l'Univers le message suivant, particulièrement clair et puissant : « Je suis prêt(e) ! »

Exercice n° 7
Chaque matin, un peu plus gratitude

Si je devais vous confier une seule chose dans ce livre, ce serait probablement la suivante : chaque matin, organisez une fête de la gratitude dans votre cœur ! Comment ? C'est très simple : dès le réveil, prenez deux minutes pour garder les yeux fermés et passer en revue toutes les choses envers lesquelles, ce matin-là, vous vous montrez particulièrement reconnaissant. Vous êtes entièrement libre d'exprimer votre gratitude envers des êtres ou des choses : des personnes de votre entourage que vous aimez, des expériences magnifiques que vous avez vécues, votre bonne santé, votre job, votre aisance matérielle, tous les formidables projets que vous allez mettre en œuvre, etc. Pour chaque être ou chaque chose que vous remerciez, imaginez que vous débordez littéralement de joie à l'intérieur de vous. Vous pouvez vous représenter en train de danser, d'actionner un canon à confettis, d'agiter les bras en l'air et de vous réjouir comme si vous aviez gagné un million d'euros au loto. Peu importe que vous exprimiez votre reconnaissance pour avoir décroché un nouveau job ou juste avoir la chance de boire un bon café ce matin-là ; l'essentiel est de célébrer avec la même intensité toutes ces choses envers lesquelles vous éprouvez de la gratitude.

Il s'agit, dès le matin, d'élever votre énergie sur une fréquence de joie et d'abondance et, en retour, d'attirer la joie et l'abondance. Chaque matin, nous déterminons avec notre énergie la fréquence vibratoire sur laquelle nous allons passer la journée. En vertu du principe que ce qui se ressemble s'assemble, nous recevons toujours ce qui vibre sur la même fréquence que la nôtre. Dès votre réveil, stabiliser votre fréquence sur la joie et l'abondance vous prépare à une journée remplie de petits ou de grands miracles, encore plus riche que la veille et ouverte à la survenue de « hasards » cosmiques. Avec cet exercice, et sans avoir rien à faire, vous commencez déjà à activer mentalement et émotionnellement votre force créatrice.

Exercice n° 8
N'oubliez pas que l'extérieur influence aussi l'intérieur

Même si nous créons notre univers de l'intérieur vers l'extérieur, notre entourage exerce aussi une influence sur notre monde intérieur. Grâce aux neurones miroirs de notre cerveau, nous apprenons dès notre plus jeune âge à refléter notre environnement et adaptons automatiquement notre comportement en conséquence. C'est la raison pour laquelle il est vital de vous entourer consciemment de personnes qui, comme vous, croient à leurs rêves, veulent faire bouger des choses dans leur vie et sont prêtes à la fois à se motiver et à se soutenir mutuellement.

De même, il est tout aussi vital de tenir à distance les personnes qui cherchent à vous tirer vers le bas avec leur énergie négative et se plaignent constamment au lieu de se décider à changer quelque chose dans leur vie. Ces gens-là, je les appelle gentiment les ronchons. Nous avons tous des ronchons dans notre entourage proche et il ne s'agit pas de rompre tout contact avec eux, mais seulement de ne pas nous laisser contaminer par leur énergie négative.

Qui sont les personnes de votre entourage qui vous inspirent ? Qui vous soutiennent ? Qui ont des rêves aussi ambitieux que les vôtres ? Avec qui pouvez-vous parler ouvertement de vos aspirations, de votre spiritualité, de votre force créatrice ? Tous les jours, prenez l'habitude de passer du temps au contact de ces personnes ou de discuter avec elles au téléphone. Il est vraiment incroyable de voir le potentiel que nous libérons à l'intérieur de nous lorsque nous sommes entourés de personnes qui croient en nous et sont prêtes, elles aussi, à se créer une vie d'exception.

Exercice n° 9

Allez chercher une bonne portion d'inspiration

Peut-être vous dites-vous à cet instant que vous n'avez personne dans votre entourage qui vous inspire ou croit en vous. Effectivement, il faut parfois du temps pour se construire un entourage qui rend plus fort et plus résistant. Et, en attendant, il existe heureusement d'autres moyens pour trouver l'inspiration nécessaire et ce qui va nourrir votre propre force créatrice. Au lieu de perdre votre temps précieux sur Instagram ou Facebook, utilisez Internet pour recevoir des modèles particulièrement inspirants des quatre coins du monde. Vous pouvez télécharger les livres audio et les podcasts de maîtres spirituels, d'entrepreneurs, d'individus qui changent la face du monde, de professionnels du sport ou d'autres personnalités que vous admirez et imaginer que vous êtes leur interlocuteur unique. Vous pouvez suivre les cours en ligne des meilleurs coaches du monde et regarder des conférences sur YouTube – d'Oprah Winfrey à Richard Branson, vous n'avez que l'embarras du choix ! Vous êtes entouré d'exemples et de personnes qui vous racontent comment elles ont géré leurs peurs et résolu leurs plus grosses difficultés pour se créer une vie d'exception.

Ne transigez pas sur le temps dont vous disposez et les choses que vous laissez dans votre conscience. Tout ce que vous consommez comme médias vous affecte et se répercute sur votre énergie. Au cours des prochaines semaines, observez-vous avec bienveillance, examinez attentivement à quoi vous passez votre temps et voyez si les médias que vous consommez vous inspirent, vous font du bien et élèvent votre niveau d'énergie ou si, au contraire, vous vous sentez plutôt vidé après avoir fait défiler votre flux Instagram. Prenez l'habitude de nourrir et de ressourcer votre part spirituelle tous les jours et, au moins une demi-heure par jour, de regarder une vidéo inspirante, de lire un livre, d'écouter un podcast ou de participer à un programme de coaching en ligne – bref, d'accéder à du contenu bénéfique.

Exercice n° 10
Chaque jour, rendez quelqu'un heureux

La magie de votre force créatrice se déploie au maximum lorsque vous la mobilisez pour le bien de votre prochain. Il semble que notre propre puissance créatrice soit potentialisée et nous dépasse dès que nous l'utilisons pour aider ou soutenir d'autres personnes. Plus vous vous engagez à aider quelqu'un à réaliser ses rêves et à prendre conscience de son potentiel, plus vous entrez vous-même en contact avec cette force en vous. Plus vous accompagnez d'autres personnes sur la voie de la réussite et de l'abondance dans leur vie, plus vous voyez la réussite et l'abondance affluer dans la vôtre. Si jamais vous avez l'impression de ne pas avancer dans la concrétisation de vos propres rêves, demandez-vous qui vous pouvez aider dans votre entourage. Peut-être existe-t-il un projet social que vous soutiendriez volontiers ou pouvez-vous demander à un sans-abri comment vous pourriez l'aider. Et vous constaterez que chaque geste d'attention ou de gentillesse vous aidera, vous aussi, à retrouver l'inspiration. Il n'est pas de plus grande joie que celle de faire plaisir à quelqu'un. Utilisez votre vie pour enrichir celle d'un maximum de gens autour de vous. Soyez vous-même l'inspiration, l'étreinte, le sourire et l'espoir que vous vous souhaitez pour vous, dans votre propre vie, et au fil des jours, vous vous sentirez entrer de plus en plus profondément en contact avec une réserve infinie d'amour à l'intérieur de vous.

Exercice n° 11

Activez l'émotion qui booste votre force créatrice

Il existe une émotion qui agit comme un puissant accélérateur sur votre force créatrice : c'est la joie. Lorsque nous nous réjouissons du plus profond de notre cœur et éprouvons du plaisir, nous sommes avec tous nos sens dans l'ici et maintenant. Nous ouvrons notre cœur et entrons dans un état de flux où nous oublions le temps et l'espace. Envolés les doutes et les pensées limitantes ! Il ne reste plus que notre être pur. Quand nous sommes dans la joie et le plaisir, nous ne pouvons pas ressentir de la peur. La joie est l'émotion à la fréquence énergétique la plus élevée, celle sur laquelle nous pouvons envoyer à l'Univers notre rayonnement intérieur.

Le problème est que nous procédons très souvent avec lourdeur pour atteindre nos objectifs ou nous créer une vie d'exception, et ce poids plombe aussitôt notre fréquence énergétique, alors que la démarche devrait, au contraire, nous mettre en joie. Oui, je vous l'accorde, il est parfois fatigant de vous créer une vie d'exception, et il faut faire preuve d'un grand courage, mais malgré tout, c'est la joie qui devrait l'emporter. Il est de votre devoir spirituel de veiller à être dans un état de joie et de légèreté. Car en vérité, tous les doutes, les soucis et les peurs ne sont qu'une illusion que votre ego cherche à maintenir pour vous empêcher de quitter votre zone de confort, tout simplement. L'antidote ultime à cette illusion est la joie. Votre ego n'a aucune chance contre la joie véritable qui sort du plus profond de votre cœur.

Chaque jour, demandez-vous : Que puis-je faire aujourd'hui pour faire entrer de la joie dans ma vie ? À qui puis-je faire plaisir ? Qu'est-ce qui fait danser mon cœur ?

Vous êtes un cadeau pour le monde

Croyez-vous qu'au sein d'un Univers où tout, jusqu'à la moindre cellule, est intelligence pure, vous êtes un accident? Croyez-vous sincèrement qu'il n'existe pas de place pour vous dans cet espace d'abondance et de possibilités infinies ? Vous qui êtes issu de poussière d'étoile, pensez-vous sérieusement être né pour vous laisser gouverner par les doutes et la peur plutôt que par la joie ?

Si jamais vous avez toujours eu ces croyances sur vous-même et avez été persuadé qu'il vous manquait quelque chose ou que vous n'étiez pas assez bien pour vous créer une vie d'exception, permettez-moi de vous dire que le temps est venu de les balayer.

Certes, il existe bel et bien une partie de vous qui ne cesse de douter d'elle, de se critiquer et de penser que tout le monde est mieux que vous, mieux loti que vous. Mais ce n'est pas la partie de vous-même avec laquelle vous êtes venu au monde ni qui correspond à votre vraie nature. Ce sont les personnes de votre entourage qui vous ont progressivement et inconsciemment transmis ces doutes et ces peurs, et ont contribué à les renforcer au fil des années en vous disant comment vous deviez être, de quelle manière vous deviez vous comporter, que vous seriez aimé à condition de faire ceci ou cela, etc. Vous avez vu votre valeur mesurée à des chiffres et à des notes, et votre capacité à être digne d'amour conditionnée à tel ou tel comportement. Alors, inévitablement, il arrive un jour où les voix et les attentes extérieures deviennent si fortes que vous ne parvenez plus à entendre votre propre petite voix intérieure qui tente de continuer de vous dire : « Tel que tu es, tu es parfait ! N'oublie jamais d'où tu viens et qui tu es en réalité. »

La mission formidable qui est maintenant la vôtre est d'apprendre à retrouver le chemin de votre voix, de votre vérité et de votre origine. Il ne s'agit pas de devenir quelqu'un d'autre, mais au contraire de redevenir totalement vous-même. Enfin. Même si vous ne vous en souvenez peut-être pas avec votre tête, votre cœur, lui, sait que vous portez en vous un trésor, un cadeau pour le monde. Et que vous êtes unique. Une œuvre originale. Pas une copie.

La voix de votre part spirituelle

Vous êtes une œuvre originale et portez en vous un trésor que vous seul pouvez aller récupérer.

Aujourd'hui, vous pouvez ouvrir un nouveau chapitre de votre vie et commencer à raconter autrement votre histoire. Une histoire qui vous inspire et inspire toutes les personnes qui vous rencontrent. Une histoire qui donne de l'espoir aux autres. Une histoire dans laquelle vous vous voyez sous un jour nouveau, plus puissant, et qui vous permet de créer des choses que vous jugiez impossibles auparavant. Et une histoire indépendante de tous les jugements extérieurs, et peut-être même de toutes les dévalorisations dont vous avez fait l'objet dans votre vie. Votre mission consiste à vous mettre en harmonie avec la force de l'Univers et à ne plus ignorer votre propre grandeur, mais à l'exprimer à votre manière. Il ne s'agit pas de vous montrer égoïste mais, bien au contraire, de comprendre que vous avez la capacité et la force en vous de changer positivement et durablement le monde qui vous entoure. Et après l'avoir compris, d'agir en ce sens. Vos actions laissent des empreintes énergétiques dans le monde qui influencent tout le reste. De la même façon que le battement d'ailes d'un papillon peut provoquer une tornade à l'autre bout de la Terre, vous pouvez déclencher un flot de changements positifs aux quatre coins du monde par vos seules actions.

Si vous voulez découvrir toute votre grandeur et la «version originale» de votre être, vous devez repenser complètement l'image que vous avez de vous-même. Cette transformation est comparable à la métamorphose de la chenille en papillon. La chenille ne connaît le monde que d'en bas, vit à l'étroit dans son petit corps et ignore qu'elle deviendra un jour un papillon qui pourra déployer ses ailes et voler dans le ciel. Dans son état de chenille, elle se voit ainsi : «Je ne suis qu'une petite chenille qui n'avance pas aisément et à laquelle personne ne prête véritablement attention.» Le plus étonnant dans la métamorphose de la chenille en papillon, c'est que des chercheurs ont tenté d'accélérer le processus et d'aider la chenille à sortir plus vite de son cocon en pratiquant une petite incision dedans pour élargir l'ouverture. Mais lorsque le petit papillon s'est glissé hors de cette ouverture plus large, il ne pouvait pas voler car des restes de cocon restaient suspendus à ses ailes. Morale : le papillon a besoin de l'ouverture très étroite du cocon à travers laquelle il doit se faufiler pour laisser l'ensemble des restes du cocon derrière lui et se débarrasser de ce qui l'empêche de voler.

Nous sommes comme la chenille qui se métamorphose en papillon : aucune personne extérieure ne peut venir accélérer notre processus de transformation. Il n'existe pas de raccourci; un jour ou l'autre, nous devons tous passer par cette ouverture étroite et inconfortable si nous voulons accéder à la dimension pleine et entière de notre être. Il n'y a que vous, seul face à vous-même, qui puissiez prendre la décision de vous libérer de votre cocon et de vous débarrasser de tout ce qui vous a limité jusqu'à présent ou fait douter de votre capacité à voler. Car vous aussi vous avez des ailes. Bien sûr, il se peut que ce processus fasse peur à votre ego parce qu'il ignore ce qui l'attend de l'autre côté. Il ne sait pas encore qui vous allez devenir si vous ne doutez plus, si vous ne pensez plus «en petit», si vous brillez soudain de toute votre lumière. Heureusement, il y a votre cœur qui connaît déjà votre chemin et brûle d'impatience que vous commenciez enfin à vous rappeler sa vérité à lui.

La plupart des êtres humains ne découvriront jamais qu'ils ont des ailes qu'ils transportent partout et que toutes les portes de l'Univers leur sont ouvertes. Ils se laissent gouverner par leurs peurs et leurs convictions périmées, et redoutent terriblement le processus de transformation. Ils savent que cela impliquerait d'abandonner leurs vieux reproches et de faire face, en toute responsabilité, à leur propre vie. Au départ, l'ego est terrorisé par cette nouvelle responsabilité à prendre, car il ne peut plus rendre les autres responsables de sa propre insatisfaction. Finis les «C'est ta faute si...» ou les «Mais je ne peux pas le faire parce que...»! Lorsque vous décidez de briller de toute votre lumière dans votre vie, vous dites adieu à vos beaux prétextes, à vos bonnes excuses, à votre *mea culpa* et aux limites auto-imposées pour accueillir en vous tous les possibles, toute votre joie et toute votre force créatrice.

Chaque vie cache un miracle

Il existe deux manières de nous raconter notre vie. Soit comme une histoire qui nous inspire et inspire les autres, soit comme une histoire qui nous déprime et déprime tout le monde. Parce qu'il est davantage admis, socialement, de raconter tout ce qui ne va pas plutôt que tout ce qui fonctionne à merveille, la plupart des gens racontent leur histoire sous un aspect déprimant, profitant des pauses à la machine à café ou des événements festifs pour se renforcer mutuellement dans leur frustration à l'égard de leur propre vie.

Lorsque je travaillais moi-même comme manager dans une entreprise, j'avais parfois du mal à croire qu'il puisse exister une telle compétition : c'était à celui qui était le plus malheureux dans sa relation de couple ou qui avait attrapé le rhume le plus virulent. En racontant son histoire, la personne s'attardait souvent sur les raisons – bonnes ou mauvaises – pour lesquelles sa vie ne s'était pas déroulée comme elle l'aurait souhaité et mérité. En l'écoutant, on comprenait que s'il n'y avait personne pour jouer les boucs émissaires dans sa famille ou dans son cercle d'amis proches, il restait toujours, heureusement, les politiques ou l'ensemble du système pour porter la responsabilité de ses propres malheurs.

J'ai longtemps utilisé le divorce de mes parents comme un excellent prétexte pour ne pas m'autoriser de relations amoureuses dignes de ce nom dans ma vie. Je m'étais construit le scénario parfait selon lequel il était logique, au vu du mariage raté de mes parents, que moi non plus je ne puisse jamais accéder à une relation de couple heureuse et satisfaisante. De même, je me suis raconté pendant des années – et c'était parfaitement plausible dans ma tête – que ma relation à l'argent était problématique parce que ce sujet avait toujours été très anxiogène dans ma famille et que, de toute façon, nous avions toujours manqué d'argent.

Le jour où je me suis aperçue que mes problèmes relationnels et financiers n'avaient rien à voir avec mes parents, mais uniquement avec moi-même et les histoires que je m'étais inventées, ma vie s'est brusquement transformée. Ce fut comme une révolution intérieure qui bouleversa complètement l'image que j'avais de moi-même. En cessant de me raconter des idioties sur ma vie et en assumant moi-même la responsabilité de toutes mes expériences et du regard que je porte sur elles, une porte s'est ouverte et j'ai pu accéder à une force intérieure inimaginable. C'est là que je suis entrée en contact avec la part de moi-même qui attendait depuis très longtemps déjà que j'arrête enfin de me considérer comme une victime de ma propre existence et que je commence à montrer au monde mes talents, ma force créatrice et mon enthousiasme à l'égard de la vie. Aujourd'hui, non seulement je vis une relation heureuse et épanouissante avec mon ami, mais je dirige aussi une entreprise très prospère qui aide des milliers de personnes à réveiller leur force intérieure.

La voix de votre part spirituelle

Lancez votre révolution intérieure. Reconnaissez pleinement en vous votre propre force créatrice.

La vie est déjà, en soi, un énorme miracle. Mais chaque existence humaine dissimule un autre miracle. Ce miracle est un cadeau individuel, un don ou une mission de l'âme qui attend que vous la découvriez et la mettiez au jour. Les Indiens parlent de «médecine unique» à offrir au monde, une médecine que chaque individu porte en lui. Cette médecine unique est votre cadeau au monde, et vous seul pouvez la développer et la faire vivre.

Être un cadeau pour le monde signifie que vous portez en vous quelque chose qui sert positivement le monde. Il y a autant de cadeaux que d'êtres humains sur Terre. Aucun n'est superflu, aucun n'a plus de valeur qu'un autre. Chaque cadeau au monde est précieux, quel qu'il soit. Ce qui les relie entre eux, c'est qu'au cours de la vie ils cherchent à trouver leur canal d'expression à travers vous. Avec le recul, vous constaterez en effet que de nombreux épisodes de votre vie sont reliés les uns aux autres et dissimulent le cadeau que vous avez à offrir au monde. La vie va vous servir une multitude d'expériences différentes pour vous encourager à entrer en contact avec le cadeau singulier et merveilleux que vous êtes. Vous vous rappelez l'histoire des brocolis et des épinards ? L'Univers va vous resservir une bonne assiette de brocolis et d'épinards jusqu'à ce que vous trouviez le sens de votre vie caché dans toutes ces expériences.

Comprendre et sentir que vous n'êtes pas inutile ni superflu, mais en vérité indispensable à ce monde, vous permet d'appréhender l'abondance et la plénitude qui sont en vous, ainsi que votre vocation. Le chemin pour y parvenir est une chasse au trésor passionnante qui se déroule à l'intérieur de vous. Si vous voulez récupérer le trésor, vous devez mettre en lumière vos ombres et commencer à donner une signification plus profonde à votre propre vie, ainsi qu'à l'ensemble de vos expériences. Vous allez devoir vous confronter à tous vos démons intérieurs, à tous vos doutes sur vous-même, à toutes vos peurs et vos vieilles croyances. Mais en sachant que ce sont votre force créatrice, votre créativité extraordinaire et votre lumière intérieure qui vous attendent de l'autre côté du miroir.

Pour vous créer une vie d'exception, vous devez entreprendre ce voyage intérieur à destination de vous-même et consolider peu à peu votre image de vous-même. Votre image personnelle repose sur l'opinion que vous avez développée à votre égard au fil des années. Malheureusement, elle n'est pas objective, mais totalement subjective, colorée par votre propre perception de vous-même. Vous n'êtes pas ce que vous pensez être, vous êtes l'histoire que vous vous racontez sur vous-même. L'avantage, c'est que votre image de vous-même change en fonction de l'histoire que vous vous racontez.

Comme le disait le Dr Wayne Dyer : « Lorsque vous changez votre vision des choses, vous faites changer les choses. » Autrement dit, lorsque vous commencez à vous percevoir sous un jour nouveau non seulement votre image de vous-même, mais aussi l'ensemble de votre univers vont changer. Car le monde que vous voyez n'est toujours qu'un reflet de votre monde intérieur. Par exemple, vous attirerez toujours un partenaire dans votre vie qui ne vous donnera pas plus d'amour que ce que vous êtes en mesure d'accueillir. Vous ne gagnerez pas plus d'argent que la valeur que vous donnerez à votre travail. Vous n'aurez que le temps libre que vous vous autoriserez à avoir. Quel que soit le domaine de vie considéré, tous les résultats que vous obtiendrez seront directement liés à l'image que vous avez de vous-même. Autrement dit, tout commence en vous.

Il existe un exercice très puissant que j'aimerais vous faire partager. Il va vous permettre de comprendre très facilement le message que je cherche à vous transmettre lorsque je vous dis que l'histoire que vous vous racontez sur vous-même n'est qu'une possibilité parmi tant d'autres. Car vous pourriez vous voir, vous et votre histoire, de bien d'autres manières.

Exercice

Votre ligne de vie

Pour réaliser cet exercice, réservez-vous environ une heure, trouvez un lieu calme, puis munissez-vous d'une feuille blanche et d'un crayon. Surtout, faites cet exercice avant de poursuivre votre lecture. Lorsque vous êtes prêt, dessinez le graphique suivant sur votre feuille de papier :

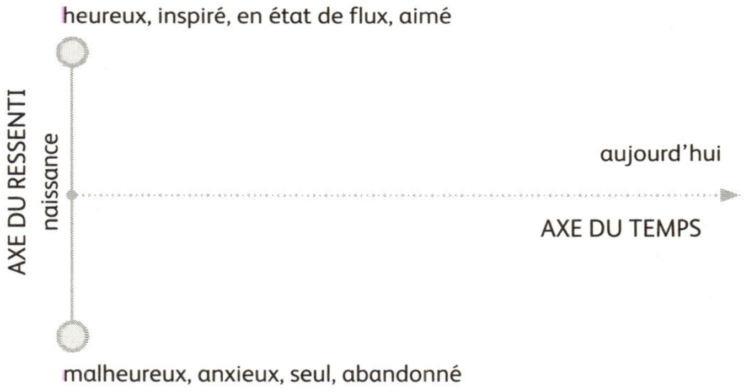

Fermez les yeux quelques instants et imaginez que vous vous repassez le film de votre vie – tout ce que vous avez vécu dans le passé se déroule sous votre regard intérieur. Vous pouvez vous détendre et observer simplement, avec curiosité, les images et les souvenirs qui ressurgissent. Peut-être pouvez-vous percevoir différentes émotions associées aux différents événements ou expériences que vous voyez défiler sur votre écran intérieur. Remontez jusqu'à votre naissance. Puis ouvrez les yeux et commencez par dessiner un point sur l'axe horizontal, à gauche, pour matérialiser le moment de votre venue au monde. Ensuite, de gauche à droite, inscrivez tous les événements dont vous vous souvenez, avec leur date approximative, sous forme de traits ou de points qui se succèdent, et décrivez-les en deux mots maximum. Vos souvenirs vont revenir automatiquement, les uns après les autres.

Dans cet exercice il ne s'agit pas de vous efforcer de vous rappeler un maximum d'événements, mais de noter simplement ceux qui ressurgissent spontanément. Lorsque vous êtes arrivé à « aujourd'hui », repartez en arrière jusqu'au premier souvenir que vous avez noté et essayez de vous rappeler ce que vous ressentiez à ce moment-là. Normalement, vous allez éprouver une émotion, car nous nous rappelons avant tout les moments de notre vie qui nous ont marqués sur le plan émotionnel. En vous référant à l'axe vertical, évaluez l'état de bien-être ou de mal-être dans lequel vous vous trouviez et matérialisez-le par un point situé au-dessus (heureux/inspiré/en état de flux/aimé) ou en dessous (malheureux, anxieux, seul, abandonné) de l'axe horizontal. Autrement dit, associez chaque événement ou expérience dont vous vous souvenez à un état émotionnel. Lorsque vous êtes à nouveau arrivé à « aujourd'hui », reliez tous les points du graphique en traçant une ligne.

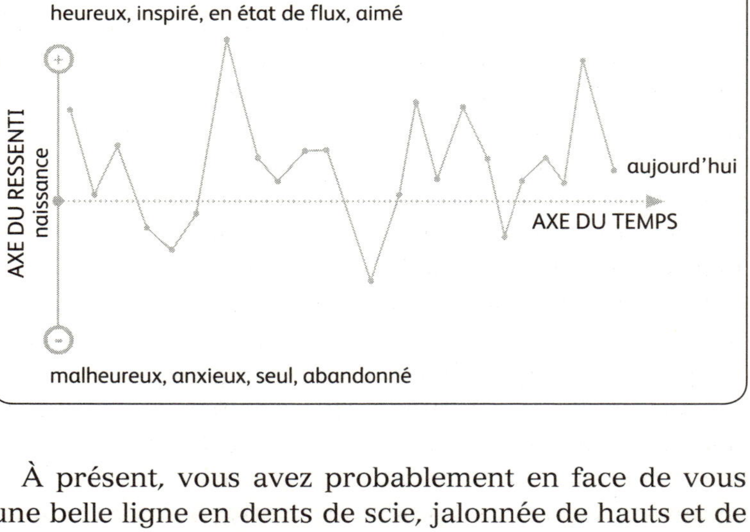

À présent, vous avez probablement en face de vous une belle ligne en dents de scie, jalonnée de hauts et de bas, qui ressemble à un électrocardiogramme. Même si vous n'êtes pas médecin, vous savez qu'une ligne droite continue, ce qu'on appelle un électrocardiogramme plat, signifie que le patient est mort. Alors qu'un tracé qui monte et qui descend veut dire que la personne vit et que son cœur bat. C'est la même chose avec votre ligne de vie. Ce n'est pas le sens de la vie d'avoir un tracé rectiligne, car ce serait le signe que rien ne s'est passé dans votre existence. J'ai réalisé cet exercice plusieurs centaines de fois lors de mes séminaires et je peux vous assurer que toutes les lignes de vie présentent de nombreux hauts et bas.

Lorsque vous observez votre ligne de vie, soyez attentif à ce que vous ressentez en revoyant ce que vous avez vécu jusque-là. Êtes-vous reconnaissant ou déçu ? Heureux ou triste ? Vous sentez-vous renforcé ou affaibli ? Vous sentez-vous aimé ou trahi par la vie ? Contentez-vous de percevoir les pensées, les émotions, les sentiments et les jugements que votre ligne de vie suscite en vous. Ce n'est ni bien ni mal. Ce qui compte, c'est l'attention portée à ce qui se passe en vous.

Vivre signifie être autorisé à faire les expériences les plus nombreuses et les plus variées possible. Nous expérimentons l'amour, la joie, les rires, le lâcher-prise, mais aussi la douleur, la déception, le chagrin, la solitude et la perte. C'est la vie. La vie est capable de tout, et tout lui est permis. Chaque expérience est justifiée. Chaque expérience nous sert à mieux nous connaître et, par conséquent, à revenir à notre noyau et à notre essence. À chaque nouvelle expérience, nous nous en rapprochons. Avec les belles expériences, c'est facile parce qu'elles nous relient automatiquement à l'amour qui est en nous. En revanche, avec les expériences de la vie moins heureuses, il nous est parfois presque impossible de comprendre pourquoi nous avons été confrontés à cet événement. Mais ce sont justement les blessures et les déceptions profondes qui ouvrent le plus largement notre cœur parce qu'elles nous montrent à quel point, en réalité, nous sommes capables d'aimer et de ré-aimer à nouveau, aussi grande que fût la douleur. Nous guérissons en donnant un sens à nos périodes de vie les plus sombres.

La voix de votre part spirituelle

C'est la signification que nous donnons nous-mêmes à nos expériences qui nous renforce ou nous affaiblit. Nous trouvons la guérison en donnant un sens plus profond à nos blessures.

En vérité, cette ligne de vie est votre carte au trésor personnelle. Elle est la voie vers vos meilleures stratégies de réussite, vers vos ressources intérieures et vers votre cadeau à offrir au monde. Si vous voulez être capable de la déchiffrer et aller dénicher tous ces trésors en vous, vous devez apprendre à la regarder du point de vue de votre part spirituelle.

Votre part spirituelle est votre part la plus bienveillante et la plus puissante. Elle vous aide à trouver et à vivre la mission de votre âme. Votre part spirituelle porte un regard complètement différent sur vous, sur l'ensemble de vos expériences de vie et sur vos capacités. Elle sait que vous portez déjà en vous tout ce dont vous avez besoin pour vivre une vie aussi singulière qu'épanouissante, mais elle sait aussi que pour y parvenir, vous devez développer une nouvelle image et une nouvelle conscience de vous-même. Contrairement à l'ego qui a toujours tendance à se déprécier ou à agir par peur, votre part spirituelle vous montre vos compétences, vos talents, votre richesse intérieure et votre relation à une force supérieure qui vous accompagne avec amour tout au long de votre existence.

Exercice

Reliez-vous à votre part spirituelle

Fermez les yeux un moment et détendez l'ensemble de votre corps. Inspirez et expirez à fond puis, tout doucement, commencez à relâcher successivement, en toute conscience, vos pieds, vos jambes, votre ventre, votre dos, vos épaules, votre cage thoracique, vos bras, vos mains et les muscles de votre visage. Inspirez et expirez profondément en focalisant sur une partie de votre corps votre attention. Imaginez qu'à chaque respiration, chaque partie de votre corps se détend encore davantage et s'autorise à lâcher. Abandonnez-vous suffisamment pour parvenir à un état de détente profond. Maintenant, imaginez que vous êtes dans la nature, dans un endroit magnifique où vous entendez peut-être le bruit des vagues ou le frémissement des feuilles dans les arbres, où vous sentez l'air frais et les rayons du soleil sur votre peau. Vous percevez intuitivement que vous vous trouvez dans un lieu incroyablement paisible et d'une grande puissance énergétique. En parfaite sécurité, vous pouvez vous détendre encore plus profondément.

Lorsque vous regardez au loin, vous voyez venir vers vous une silhouette qui scintille ; comme elle est belle ! Elle se déplace avec calme, à pas réguliers, et rayonne dans sa lumière si claire et si pure. Lorsqu'elle s'arrête devant vous, vous vous rendez compte que cette silhouette lumineuse est votre part spirituelle. Elle est cette part de vous profondément reliée à votre essence, à votre vérité, et qui vous regarde avec des yeux remplis d'amour et de confiance. Votre part spirituelle écarte ses bras, inondant de sa magnifique lumière blanche tout ce qui vous entoure. Vous avancez vers elle et elle vous prend dans ses bras au pouvoir guérisseur. Au moment de cette étreinte, votre part spirituelle entre et coule en vous ; vous sentez sa lumière se répandre dans votre corps et inonder votre cœur d'un amour infini. Vous sentez que vous retrouvez enfin votre complétude, que vous recontactez cette abondance et cet amour qui sont en vous, et que votre fréquence énergétique s'élève. Chaque cellule de votre corps rayonne sous cette lumière. Désormais, vous êtes de nouveau relié à votre part spirituelle. Souriez à l'intérieur de vous, et saluez l'abondance, la plénitude et la confiance retrouvées. Demandez-vous en quoi le fait d'avoir renoué avec votre part spirituelle transforme votre attitude tant intérieure qu'extérieure. Qu'est-ce qui change dans votre posture corporelle, vos mimiques ou votre manière de parler et de penser ? Essayez de sentir le plus clairement possible l'élévation de votre fréquence énergétique et la conscience positive à laquelle vous êtes maintenant relié par le biais de votre part spirituelle. Puis, lorsque vous avez une image claire de votre conscience toute neuve, respirez profondément et rouvrez les yeux.

Dites oui à votre vie

Dans les semaines qui suivent, prenez le temps d'observer votre ligne de vie par le biais de votre part spirituelle et d'accepter que votre existence puisse avoir comporté des événements négatifs qui vous ont blessé. Vous pouvez – sans plonger dans les émotions qui leur sont associées – les laisser se dérouler devant vos yeux introspectifs et vous répéter : « J'accepte cette expérience. » Puis considérez les événements qui suscitent beaucoup d'émotions en vous et demandez-vous :

En quoi cette expérience a-t-elle été utile ? M'a-t-elle permis d'accéder à une connaissance plus profonde de moi-même ? De prendre une décision ? D'y voir plus clair ? Aujourd'hui, grâce à cette expérience, qui puis-je choisir d'être ? Qu'est-ce que mon cœur peut désormais célébrer ? Le retour de l'amour ? Quelle expérience attend encore d'être guérie et de trouver un sens à mes yeux ?

Sur ma ligne de vie personnelle, il y a eu un effondrement entre ma dixième et ma quatorzième année. C'est à cette époque que mes parents ont divorcé de façon totalement inattendue et que ma mère est partie. Mon père s'est remarié peu de temps après et, du jour au lendemain, ma vie entière a pris un virage à 360 degrés. Je suis passée soudain d'une enfance paisible à une insécurité profonde. Je me rappelle que je me suis repliée sur moi-même en me sentant abandonnée, seule et perdue. La seule chose qui m'a permis de tenir était mon joli petit poney Silva qu'un boulanger m'avait offert lorsque j'avais 4 ans parce que sa fille ne voulait pas apprendre à monter à cheval et qu'il ne savait plus quoi faire de l'animal. Le jour où j'ai reçu en cadeau ce petit poney bien grassouillet et à la crinière ébouriffée fut l'un des plus beaux de ma vie. Je l'ai aimé dès le premier instant où je l'ai vu. J'ai grandi quasiment sur son dos, galopant à travers les forêts. Il me suivait même jusqu'à mon école où il m'attendait dehors, dans la prairie, pendant que j'étudiais. Nous étions inséparables. Six mois après le divorce de mes parents, Silva et moi allions vivre notre premier grand concours. J'étais terriblement excitée et je l'ai bichonné toute la matinée jusqu'à ce qu'il soit parfaitement propre, sans doute pour la première fois de sa vie. J'ai enfilé mon pantalon d'équitation blanc et j'étais incroyablement fière de moi. Le matin, au petit-déjeuner, j'avais rappelé à mon père qu'il y avait ce concours et qu'il était important pour moi qu'il vienne m'encourager. Nous avons débarrassé la table de la cuisine et, debout devant le chandelier qui ne quittait jamais la table de la salle à manger, j'ai soufflé sur les six bougies qui y brûlaient. Pendant que la fumée montait, j'ai fermé les yeux en souhaitant que mon papa vienne assister au tournoi et me voie le remporter.

Lorsque l'exhibition démarra, je sentis mon cœur battre la chamade. J'étais la plus jeune participante et, avec mon petit poney, je ne me sentais pas complètement à ma place à côté des autres grands chevaux. Malgré tout, je me réjouissais de participer à ce tournoi avec Silva. Nous pénétrâmes dans le manège où je vis le public assis dans les tribunes et, à l'autre bout, le jury. En entamant mon numéro sur le dos de Silva, j'inspirai et j'expirai à fond. Nous fûmes les premiers à passer. J'eus l'impression de voler à travers le manège. Tout fut si facile, si léger, et je me sentais comme une petite princesse. Au moment de la remise des prix, tous les chevaux s'alignèrent devant les spectateurs et le jury prononça à haute voix les noms des vainqueurs. Je cherchai un visage familier dans le public. Celui de ma mère, de mon père ou de mes frères. Aucun n'était là. Il n'y avait que des têtes étrangères qui me dévisageaient. À cet instant, mon cœur se pétrifia. Je sentis les larmes me monter aux yeux et couler sur mes joues. J'entendis la voix d'un membre du jury dire : « La première place revient à Laura Seiler sur Silva. » Je sentis une coupe se déposer dans mes mains, mais c'était comme si j'avais perdu tout ce qui avait été important dans ma vie. En sortant du manège avec Silva, c'était le vide à l'intérieur de moi. Mon poney me regarda avec ses grands yeux et je lui caressai sa crinière blanche. Ce fut le dernier tournoi de ma vie.

Dans notre vie, les moments qui nous brisent le cœur peuvent être extrêmement divers. Nul besoin qu'il s'agisse de grands événements ou d'expériences traumatisantes – il suffit parfois d'un seul mot, d'un seul regard ou de l'absence de quelqu'un à un moment important pour changer quelque chose en nous et nous fermer le cœur un peu plus.

La souffrance ne demeure en vous que si vous ne parvenez pas à donner du sens à l'expérience douloureuse que vous avez vécue, auquel cas cette blessure n'aura été d'aucune utilité pour votre évolution personnelle. Alors que dès l'instant où vous donnez un sens plus profond à vos expériences et vous autorisez à en tirer des leçons pour grandir en conscience, vous entamez le processus de guérison et découvrez le trésor caché : celui de la liberté intérieure. Une liberté que personne ne peut vous confisquer parce que désormais vous ne faites plus dépendre votre bonheur et votre épanouissement d'événements extérieurs, mais tirez force et sagesse de vos crises, même les plus éprouvantes.

Il s'agit d'un processus de lâcher-prise, de reconnaissance et d'acceptation de vos expériences. Il m'a fallu longtemps pour donner une nouvelle signification à mon expérience malheureuse du concours hippique. Aujourd'hui, je mesure à quel point elle m'a été utile. Je me rends compte que mon âme a pu faire une expérience de guérison à travers cet événement – et bien d'autres, tout aussi douloureux. Ma souffrance m'a conduite, non pas directement, mais par de nombreux détours, à ma lumière intérieure. Mon âme ne voulait pas d'une existence dépourvue de difficultés et de défis à relever. Elle voulait le programme complet. Ce n'est que lorsque j'ai commencé à ne plus lutter contre ces expériences et à ne plus considérer ma vie comme injuste, mais comme un cadeau merveilleux, que je me suis mise à accéder à une force intérieure fabuleuse.

La voix de votre part spirituelle

Vous portez en vous un trésor infiniment précieux.
Ne le laissez pas se perdre.

Récemment, une de mes amies me racontait qu'elle était très déçue et se sentait blessée par un père qui ne l'avait jamais soutenue financièrement au cours de ses études et de sa formation professionnelle. Elle était même furieuse, l'accusant de lui avoir rendu la vie dure. Je sentais bien que son énergie la tirait complètement vers le bas et qu'elle était de plus en plus obsédée par son histoire avec ce père qu'elle jugeait odieux. Lorsqu'elle a fait une courte pause pour reprendre son souffle, je l'ai regardée et lui ai posé la question suivante :

« Existe-t-il une autre possibilité, quelque chose qui te permette de tirer profit de cette expérience au lieu de gaspiller toute ton énergie, si précieuse, à t'énerver contre ton père ? »

Même si, visiblement, ce n'était pas ce qu'elle voulait entendre à ce moment-là, j'ai pu voir que ma question faisait son chemin en elle.

«Une autre possibilité?», m'a-t-elle répondu, pensive et encore un peu agacée.

J'ai souri en lui disant :

«Oui, une autre possibilité... Qu'est-ce que cette expérience t'a permis de faire ou de comprendre, par exemple? Qu'en as-tu appris?»

«Des tas de choses!», m'a-t-elle lancé avec un mélange d'incertitude et de fierté, ne sachant trop si elle devait y voir du positif ou du négatif.

«Quoi, par exemple?»

«Eh bien, par exemple, j'ai pu faire ma propre vie sans devoir rendre de comptes à personne, j'ai tout géré moi-même, j'ai essayé de trouver de l'argent par mes propres moyens, ce qui est une bonne chose en soi, oui.»

Elle n'a pas pu s'empêcher de rire un peu en me disant cela.

«Tu as raison, de ce point de vue, je pourrais presque lui dire merci!», en a-t-elle conclu.

«N'en fais pas trop quand même!», ai-je ajouté en plaisantant.

Vous vous reconnaissez un peu dans cette histoire? Il est toujours possible d'imputer la faute aux autres ou de leur faire des reproches. C'est facile, mais cela n'apporte rien, excepté une bonne dose de sentiments négatifs. À partir de maintenant, répondez personnellement de vous-même et de votre bonheur. Être heureux est un travail à accomplir de l'intérieur, indépendamment de ce que les autres ont fait. C'est une décision qu'il n'est jamais trop tard de prendre. Si vous voulez mener à bien ce travail, il vous suffit d'être prêt intérieurement à oublier votre ego et à faire de la place pour accueillir un nouveau point de vue, courageux et positif, sur votre vie.

Plus vous parviendrez à porter un regard bienveillant sur votre histoire et à accepter l'ensemble des expériences que vous avez vécues jusque-là, plus votre unicité et votre force intérieure vous apparaîtront clairement. Votre originalité et votre puissance sont contenues dans votre histoire et se déploient lorsque vous commencez à vous accepter et à accepter votre vie dans toute sa diversité. En travaillant sur votre histoire, vous allez pouvoir prendre conscience de votre vocation et de ce que vous pouvez transmettre aux autres à travers vos propres expériences de vie. Aucune de vos expériences n'a été inutile, gratuite ; toutes s'intègrent, telles les pièces d'un puzzle, dans un ensemble plus vaste pour former une mosaïque remarquable et unique en son genre.

Chaque existence est un récit héroïque et chaque individu vit son propre voyage du héros. La vie nous invite sans cesse à relever certains défis, à combattre nos démons, à faire face à nos peurs et à développer la capacité à croire en nous-mêmes. Nous apprenons à connaître la profondeur de notre cœur en étant invités à l'ouvrir à chaque fois qu'il s'est brisé. Nous prenons conscience de notre richesse intérieure lorsque nous avons tout perdu à l'extérieur et, malgré tout, demeurons capables d'éprouver de la joie. Nous apprenons dans la solitude que nous ne sommes jamais vraiment seuls parce que c'est dans le silence que nous trouvons soudain des réponses. Au cours de notre vie, ce sont les « creux de la vague » qui activent nos plus grandes forces. Aucun événement n'est contre vous ; en vérité, tous vous servent.

À chaque fois que vous entamez votre voyage du héros, vous revenez plus riche que vous êtes parti et ramenez quelque chose non seulement pour vous, mais aussi pour tous les autres. Vous devenez un porteur de lumière, celui qui propose une solution et offre de l'espoir. C'est votre histoire et ce sont tout particulièrement les moments difficiles que vous avez surmontés qui vont guérir les personnes que vous rencontrez.

La voix de votre part spirituelle

Votre vie est un récit héroïque avec lequel vous offrez aux autres lumière et espoir.

Reliez-vous à la mission de votre âme (Méditation)

Fermez les yeux, puis inspirez et expirez à fond. Sentez vos pieds au sol, détendez l'ensemble de votre corps et reliez-vous à vous-même.

À présent, portez toute votre attention sur votre cœur. Ne faites rien d'autre que sentir votre cœur. Peut-être n'avez-vous pas fait cette expérience d'entrer en contact avec le centre de votre vie depuis longtemps. Percevez vos battements cardiaques. Votre cœur qui bat pour vous plus de cent mille fois par jour. Votre cœur qui connaît déjà depuis longtemps le cadeau que vous êtes pour le monde. Votre cœur qui ne souhaite rien de plus que de vous voir vous révéler à vous-même. Que vous découvriez votre unicité, votre beauté, votre force. Restez un moment en lien étroit avec votre cœur, restez là, juste à sentir ce qui se passe.

Peut-être pouvez-vous sentir l'amour que votre cœur fait couler pour vous, dans votre vie. Nous cherchons si souvent l'amour à l'extérieur, attendant que quelqu'un nous dise : « Je t'aime. » Alors que la source de l'amour est à l'intérieur de nous. Ce n'est qu'en reconnaissant vous-même à quel point vous êtes aimé que vous pourrez entendre cet amour. Écoutez votre cœur.

Puis imaginez que vous voyez là, devant vous, apparaître un pont de lumière. Un pont d'une magnifique lumière couleur d'or blanc. Vous sentez que ce pont, cette lumière, vous attire irrésistiblement. Magique.

Le pont vers lequel vous avancez rayonne et, au moment où vous l'empruntez et faites le premier pas dessus, il se passe quelque chose d'extraordinaire autour de vous. Vous avez soudain l'impression que le temps défile devant vos yeux.

En commençant à traverser le pont, vous constatez que votre vie passe devant vous, vous voyez défiler votre passé, là, sous vos yeux. À chacun de vos pas, vous rajeunissez d'un an, vous vous rapprochez peu à peu de votre jeunesse, puis de votre enfance. Et vous voyez toutes les expériences que vous avez faites jusqu'à présent, toutes les personnes que vous avez rencontrées. Et plus vous avancez, plus vous vous sentez léger. Vous redevenez un enfant de 3 ans, de 2 ans, de 1 an… puis vous voyez passer devant vous le moment de votre naissance, l'instant où vous êtes venu au monde. Vous voyez rapidement le nouveau-né que vous étiez… vous continuez à marcher sur ce pont… et vous vous voyez dans le ventre de votre mère. Soudain, vous arrivez à un endroit où vous n'êtes jamais venu avec votre esprit, votre mental, votre raison – mais que votre cœur connaît. C'est l'endroit où vous étiez avant de naître. C'est là que vous séjourniez en tant qu'âme. Vous sentez que vous êtes arrivé dans un lieu si paisible, si beau, si rempli d'amour que vous n'êtes entouré que de pure lumière, de légèreté, de vérité et de force. Vous vous percevez en tant qu'âme, sans votre corps. Vous vous percevez pure énergie. Pure conscience. Pure intelligence. Infini.

En tant qu'âme, et avant de venir vous incarner sur Terre, rappelez-vous pourquoi vous avez choisi cette vie et pas une autre. Quelles expériences souhaitiez-vous faire dans cette vie? Dans la famille au sein de laquelle vous avez grandi? Que devait expérimenter votre âme? Quelles difficultés a-t-elle choisi de traverser? Pensez que vous êtes votre âme et qu'elle désirait faire certaines expériences pour s'éprouver dans cette existence humaine.

Pourquoi vous êtes-vous choisi des défis à relever? Des conflits à résoudre? Et peut-être même une maladie? Qui pouvez-vous devenir dans votre vie grâce à cela?

Reliez-vous à la sagesse, à cette sagesse infinie de votre âme, et autorisez votre âme à s'éprouver.

Peut-être pouvez-vous, de l'endroit magnifique où vous vous trouvez – et où nous revenons tous un jour, mais sans notre corps –, réaliser que cette vie que vous allez choisir et expérimenter est un cadeau, un accomplissement, une croissance, un lieu qui vous permettra de vous reconnaître en tant que conscience infinie. Restez à cet endroit, restez dans le sentiment que la vie que vous allez avoir est POUR vous. Toutes les expériences que vous allez faire sont POUR vous.

Si vous le souhaitez, vous pouvez imaginer que votre âme vous prend dans ses bras et vous dit : «Je ne choisirai jamais un défi qui soit au-dessus de tes forces. Crois en toi et en ta grandeur.»

À présent, prenez congé de cet endroit splendide qui sera toujours là pour vous. Vous serez toujours libre d'y revenir, quand vous le souhaiterez. Revoyez, là, devant vous, ce pont couleur d'or blanc. Imaginez que vous l'empruntez à nouveau et qu'en marchant vous voyez défiler le temps, non plus à rebours, mais dans le sens chronologique. Vous allez vers votre futur. Vous voyez votre naissance, le jour où vous fêtez votre premier anniversaire, votre entrée à l'école primaire... et vous continuez d'avancer.

Imaginez que vous parcourez ce pont avec la profonde conviction et le savoir inné que cette vie est POUR vous, que vous avez emporté avec vous quelque chose sur cette Terre, qu'il existe une sagesse à découvrir dans vos expériences. Et j'aimerais que vous marchiez sur ce pont en voyant défiler à nouveau toutes vos expériences – mais dans un autre climat intérieur. Que vous soyez porté par un sentiment de profonde gratitude, par la conviction que vous deviez en passer par là, que c'est vous qui avez choisi vos expériences – certes, pas sur un plan rationnel, mais à un niveau beaucoup plus profond et plus éclairé. Pendant que vous marchez sur ce pont et voyez défiler toutes vos expériences de vie – peut-être même les plus douloureuses ou les plus tristes, mais aussi les plus belles –, j'aimerais que vous vous posiez la question suivante : « Que puis-je donner au monde à travers mes propres expériences ? Que puis-je redonner au monde à travers ces expériences uniques que j'ai faites ? »

Laissez cette question mûrir en vous pendant que vous traversez le pont. Que pouvez-vous apporter au monde à travers votre propre vie et vos expériences uniques ?

Imaginez que vous jetez un coup d'œil à votre avenir et percevez ce qui va changer dans votre vie si vous devenez créateur de ce qui vous arrive en vous connectant à votre force créatrice. Imaginez-vous en train de partager votre unicité et votre lumière avec le monde qui vous entoure. De façon inconditionnelle.

Qui pourriez-vous aider en faisant telle ou telle expérience ? Qui pourrait avoir justement besoin de ce que vous avez ? À qui pouvez-vous donner de l'espoir à travers cette expérience ? À qui pouvez-vous faire plaisir ? Pour qui pouvez-vous être présent ? Qui pouvez-vous inspirer ?

Visualisez-vous vraiment dans votre avenir, visualisez votre futur Moi, comment il s'éprouve, comment il vit votre cadeau au monde, comment il s'engage à fond et se célèbre. Comment il dit : « Je SUIS une œuvre originale. Je suis ici et j'ai une mission, j'arrête de me voir comme une victime de mon passé et je commence à me considérer comme créateur de ma vie. »

Regardez votre futur Moi, comment il peut changer votre vie si vous entrez en contact avec qui vous êtes à l'origine, avec le cadeau que vous êtes pour le monde.

Souriez-lui et réjouissez-vous infiniment de tout ce qui vous attend et de ce que vous allez créer. Revenez lentement dans votre présent, restez quelques instants encore en vous-même et, lorsque vous êtes prêt, rouvrez les yeux et intégrez l'ici et maintenant.

Vivez votre vocation

« Le sens de la vie est de trouver son don,
le but de la vie est de le partager. »

■ Pablo Picasso

Trois questions qui vont changer votre vie

Il y a deux ans, j'étais dans l'avion pour Bali. J'avais démissionné de mon travail d'agent artistique dans le domaine musical, il me restait à peine 500 euros sur mon compte, mon site Internet n'était pas encore terminé et j'ignorais comment créer une entreprise et remplir une déclaration d'impôts.

Je regardais par le hublot, appréciant la vue au-dessus des nuages, me réjouissant de la liberté qui m'attendait. Soudain, sous l'action de je ne sais quelle impulsion intérieure, j'ai sorti un crayon et mon agenda de mon sac, j'ai cherché une page vide et j'ai posé l'ensemble sur la tablette devant moi. Puis j'ai fermé les yeux pour écouter en moi-même.

Trois questions ont alors surgi devant mes yeux :

1. **Qu'est-ce que j'aimerais créer ?**
2. **À travers qui je suis, pour qui puis-je être utile ?**
3. **En quoi le monde deviendra-t-il différent du simple fait de mon passage sur Terre ?**

Lorsque je suis revenue en Allemagne, un mois plus tard, j'ignorais toujours comment monter une entreprise, comment remplir une déclaration d'impôts et comment écrire un livre, mais j'avais trouvé mes réponses aux trois questions et, par conséquent, j'avais une vision plus claire de ma vie. Grâce à ces questions, j'avais pris conscience, au niveau profond de mon âme, que j'étais sur Terre pour me créer une vie d'exception en accord avec mes propres valeurs et refuser les limites qui m'étaient imposées de l'extérieur. J'éprouvais le désir profond de partager tout ce que j'avais appris de mon propre voyage au cours de ces dernières années. Je voulais trouver une voie me permettant de toucher un maximum de personnes dans le but de les reconnecter à elles-mêmes et à leur force intérieure.

Durant mon séjour à Bali, il m'est apparu clairement à quel point ma propre évolution personnelle avait exercé une influence majeure sur l'ensemble de ma vie. Je me suis rendu compte que c'est en me sentant prête intérieurement à vouloir guérir et en refusant de me satisfaire d'une existence où je n'exploitais pas tout mon potentiel que je me suis peu à peu trouvée et que j'ai laissé derrière moi ce qui ne me servait plus. L'ensemble des expériences que j'avais vécues jusqu'ici s'intégrait dans une image globale où tout faisait sens – mon enfance, mon vécu, mes peurs, mes blessures, ma guérison, ainsi que tous les petits boulots qui s'étaient succédé et le réseau relationnel que j'avais construit au fil des années. Toutes les pièces du puzzle s'assemblaient enfin et j'ai ressenti une gratitude infiniment profonde envers chacune d'entre elles, envers chacune de mes expériences. La vie avait un projet pour moi, et ce, dès le départ; simplement, j'ai longtemps repoussé cette idée. Mon ego refusait d'admettre que la vie pouvait aussi avoir des côtés sombres et que c'était dans l'ordre des choses. Tant que je m'en défendais en préférant contrôler mon existence au lieu de lui faire confiance, je ne voyais pas le chemin qui était le mien. J'étais incapable d'assembler les différentes pièces de mon puzzle parce que je refusais d'admettre l'existence même d'un puzzle. Résultat : je me suis longtemps sentie incomplète et perdue.

Ce n'est qu'à partir du moment où j'ai accepté avec bienveillance toutes mes expériences passées et mon parcours de vie unique que mon attitude intérieure s'est transformée, passant de l'ombre à la lumière, de la peur et de la pesanteur à l'amour. L'amour a commencé à jaillir en moi telle une source infinie d'inspiration, de joie et de courage. Une voix intérieure étonnamment forte s'exprimait : elle ne voulait plus que je m'écrase mais, au contraire, que je me crée une vie heureuse et épanouie me permettant d'aider les personnes qui me rencontrent à accéder à leur propre lumière intérieure. Devant mon regard intérieur, j'ai développé une vision limpide de tout ce que j'allais mettre en place dans les prochaines années. Je me sentais investie de la mission d'œuvrer à ce que la spiritualité, la méditation, la pleine conscience et le développement personnel deviennent des habitudes aussi courantes pour la plupart des gens que de lire le journal le matin ou d'aller faire un jogging. Soudain, il ne s'agissait plus de moi ni de ce que je souhaitais pour ma propre vie, mais de ce que je pouvais faire pour améliorer celle des autres. À ce moment-là, j'ai senti s'activer en moi des forces inconnues de moi-même auparavant. J'étais brusquement reliée à une créativité intérieure illimitée et j'avais tant d'idées et d'images de la manière dont je pouvais réaliser mes projets que je n'avais aucun doute sur leur viabilité.

Souvent, j'ai encore du mal à réaliser tout ce qui s'est passé dans ma vie depuis que j'ai commencé à mettre en pratique les réponses à mes trois questions. Elles agissent comme un formidable accélérateur-catalyseur de tout ce que j'ai vu sous mon regard intérieur.

La voix de votre part spirituelle

Votre plus grande évolution personnelle passe par la réalisation de votre mission de vie.

Ce dont je n'avais pas conscience en rentrant de mon séjour à Bali avec le gigantesque projet de vie qui remplissait désormais mon cœur, c'est que vivre pleinement ma vocation allait mettre en marche ma plus grande évolution personnelle. Au cours des deux années suivantes, la concrétisation de tout ce que j'avais imaginé faire de ma vie allait faire remonter à la surface toutes mes peurs et mes croyances paralysantes. Quelle que fût l'activité initiée – l'écriture d'un livre, mon podcast, mes conférences ou mes cours en ligne –, mes propres doutes et ma peur constituaient le premier obstacle majeur à franchir. Mais, avec le recul, je sais maintenant une chose : si réaliser sa mission de vie est le chemin le plus difficile à suivre, il est aussi le plus gratifiant.

Vous savez que vous avez trouvé votre vocation si vous n'avez qu'une envie : prendre la fuite parce que vous avez terriblement peur de l'étape suivante. Jusqu'à la fin, votre mission de vie va vous obliger à vous dépasser, à découvrir qui vous êtes vraiment et à briser toutes les barrières qui vous empêchent d'accéder à votre lumière intérieure. Votre vocation personnelle n'a pas seulement à voir avec votre profession. Elle est aussi une philosophie de vie et une attitude intérieure qui concerne l'ensemble des domaines de votre existence. Elle est la décision de faire de ce monde un lieu meilleur à travers votre lumière et votre joie. En vérité, vous n'avez même pas besoin de chercher votre vocation. Vous devez simplement aller là où se manifestent vos plus grandes résistances et vos plus gros doutes sur vous-même.

C'est une illusion de croire que la vocation est quelque chose qui, un beau jour, frappe soudain à votre porte en vous disant : « Hello ! c'est moi. Je suis désolée d'avoir tant tardé à venir. J'aurais été plus avancée à l'heure actuelle. » Ce moment ne viendra pas. Trouver votre vocation ne signifie pas seulement chercher ce qui est particulièrement facile pour vous. Vivre votre mission de vie signifie suivre l'appel de la vie et non prendre la fuite en le reconnaissant. Votre vocation est la quintessence de votre croissance personnelle et de votre voyage intérieur.

À l'avenir, à chaque fois que vous serez devant un moment crucial de votre existence, conscient d'être à l'aube d'un grand changement et que la vie vous appelle en vous priant de vous montrer au lieu de vous cacher, faites-vous confiance, déployez vos ailes et sautez. Cela vous rapprochera de vous-même et de votre essence véritable.

Développez une vision de votre projet de vie

Comme ce fut le cas pour moi, votre vie n'a de cesse de vous demander de vous réveiller. De sortir de vos propres limites et de l'illusion qu'il existe des choses que vous ne pourriez pas créer. Vous êtes le créateur de votre vie. Vous êtes sans limites parce que d'essence spirituelle. Vous êtes unique. Vous êtes plein de ressources et de sagesse intérieure. Il n'y a personne qui puisse vous empêcher de vous forger exactement la vie dont vous rêvez – hormis vous-même. Vous êtes doté d'une créativité infinie et de toutes les capacités dont vous avez besoin pour suivre votre propre chemin. Votre véritable chemin. Apprenez à faire confiance à la vie, à son timing parfait : tout arrive au bon moment, toutes les pièces du puzzle finissent par s'emboîter. Votre vie est vôtre, elle attend que vous la mettiez au monde et vous donnera toujours à hauteur de ce que vous attendez d'elle.

La voix de votre part spirituelle

L'Univers ne connaît pas de limites. C'est vous, avec vos attentes, qui lui fixez des limites.

Il n'existe pas de limites hormis celles que vous posez avec vos attentes. Moins vos attentes sont élevées, plus vous vous limitez et limitez votre vie. En revanche, plus vos attentes sont élevées, plus vous faites entrer de possibilités dans votre existence. Alors prenez conscience de votre propre force créatrice et de votre capacité à faire advenir tout ce que vous désirez. Naturellement, le premier pas dans cette direction consiste à savoir clairement ce que vous souhaitez voir apparaître dans votre vie.

Avoir une vision de votre projet de vie signifie voir surgir une image intérieure de votre avenir qui touche votre cœur au plus profond et vous inspire. Développer une vision de ce que vous souhaitez créer va bien au-delà d'un simple objectif à suivre. Il s'agit d'accomplir votre mission véritable, votre projet d'âme. Vivre votre vocation profonde ne signifie pas forcément devenir célèbre ou transformer le monde, mais avant tout vous libérer des attentes que vous avez à votre égard et écouter votre cœur. Notre âme pense en images et a besoin d'images pour nous aider à créer notre vie selon nos propres représentations.

Exercice

Développez une vision de votre mission de vie

Fermez les yeux et portez votre attention sur votre cœur. Sentez-le battre et percevez l'amour qu'il irradie et fait circuler dans l'ensemble de votre corps. Reliez-vous consciemment à cette énergie infinie. Si cette énergie avait une couleur, quelle serait-elle, selon vous ? Plongez dans cette lumière et autorisez-vous à vous y détendre, comme dans un bain. Puis, à partir de là, transportez-vous dans un endroit magnifique où vous vous sentez protégé et en sécurité. Peut-être s'agit-il d'un lieu que vous connaissez déjà ou, au contraire, qui sort tout droit de votre imagination. Dites-vous, avec une confiance totale, que cet endroit qui vous apparaît est le bon.

Vous regardez autour de vous et savourez l'énergie positive qui émane de ce lieu. À quelques mètres, vous apercevez une table à laquelle est assise une personne plus âgée que vous, rayonnante. Elle porte de beaux vêtements de couleur claire et vous fait signe d'approcher. Lorsque vous êtes devant elle, vous voyez son regard lumineux et vous vous reconnaissez : c'est vous, mais quelques dizaines d'années plus tard. C'est votre futur moi, un moi plein de sagesse, qui vous sourit avec bienveillance. Il vous enlace et, au moment où ses bras se referment sur vous, vous sentez une merveilleuse sérénité se répandre à l'intérieur de vous. Vous vous asseyez à la table, en face de lui, en lui rendant son sourire. « Je me réjouis que tu sois venu, enfin. Je t'ai attendu », dit votre futur moi d'une voix chaleureuse.

Vous pouvez alors lui demander tout ce que vous brûlez de savoir : Comment ta vie s'est-elle déroulée ? Qu'as-tu créé ? Pour quelle raison es-tu ici, dans cette vie ? Comment vas-tu, là où tu es maintenant ? Quel conseil important me donnerais-tu ?

Écoutez les réponses de votre moi avec votre cœur, sans les juger ni nourrir d'attentes particulières. Reliez-vous à tout votre être, à votre futur moi plein de sagesse et à sa force. Laissez ce sentiment de confiance profonde en vous-même et en votre chemin sur cette Terre grandir à l'intérieur de vous et se diffuser dans toutes vos cellules.

Restez dans votre futur moi aussi longtemps que vous le souhaitez. Lorsque vous êtes prêt à revenir au présent, prenez congé de lui, remerciez-le de son amour et soyez sûr que, dorénavant, votre mentor intérieur sera toujours à vos côtés pour vous soutenir et vous encourager. À chaque fois que vous aurez peur ou que vous douterez de votre chemin, retournez à cet endroit pour vous recharger en énergie positive. Puis réorientez lentement votre attention vers l'ici et maintenant. Inspirez et expirez à fond.

Dès que vous vous sentez ancré à nouveau dans le présent, rouvrez les yeux et prenez un papier et un crayon. Entrez dans votre part spirituelle et, à l'intérieur de vous, activez la confiance profonde de votre futur moi plein de sagesse. Imaginez que vous avez au moins cent ans et que vous vous êtes créé une vie d'exception, remplie de bonheur et de satisfactions multiples. Puis posez-vous les trois questions suivantes :

Qu'aimerais-je avoir créé ?

Pour qui aimerais-je avoir fait la différence à travers ce que je suis ?

Dans quelle mesure le monde sera-t-il un endroit différent après mon passage ?

Autres questions éventuelles à vous poser :

Que signifie, à mes yeux, me créer une vie d'exception ? Quelles expériences souhaiterais-je considérer avec du recul ? Quelles sont les choses pour lesquelles les gens devraient se souvenir de moi ?

Quels projets aimerais-je lancer ?

Quelle qualité aimerais-je développer dans mes relations avec mon (ma) partenaire, ma famille ou mes amis ?

Comment aimerais-je me sentir physiquement et mentalement ?

Quels voyages aimerais-je faire, quels lieux visiter ?

Qui aimerais-je aider ou dans quoi aimerais-je m'investir ?

Qui puis-je aider à travers mon histoire et mes expériences ? À qui puis-je donner de l'espoir ?

Quelles personnes aimerais-je rencontrer ?

Qu'aimerais-je apprendre ?

Quel profil aimerais-je que ma ligne de vie affiche à la fin de mon existence ? Qu'est-ce qui doit me sauter aux yeux en l'observant ?

Laissez les images surgir naturellement en vous et prenez un maximum de notes. Sur une autre feuille de papier, tracez un tableau à trois colonnes. Dans la première colonne, inscrivez en haut « Au cours des 3 prochaines années », dans la deuxième « Au cours des 10 prochaines années » et dans la troisième « Au cours des 30 prochaines années ».

Au cours des 3 prochaines années	Au cours des 10 prochaines années	Au cours des 30 prochaines années
...	...	...

Classez l'ensemble des notes que vous venez de prendre dans les trois catégories suivantes :

1. **Qu'aimerais-je créer dans les trois prochaines années ?**
2. **Qu'aimerais-je créer dans les dix prochaines années ?**
3. **Qu'aimerais-je créer dans les trente prochaines années ?**

Peu importe la manière dont vous allez concrétiser la vision de votre projet de vie, même si votre raison tente peut-être de vous dire le contraire. À ce stade, ce qui compte vraiment est de suivre votre cœur avec un maximum d'honnêteté vis-à-vis de vous-même et de développer une vision de votre mission de vie. Le « comment » découlera naturellement du « quoi ? » et du « pour qui ? ». Ce processus de création n'a pas de limites ; vous êtes seul à décider de la quantité d'abondance et de réussite que vous laissez entrer dans votre vie. Plus les désirs de votre cœur et les images de ce que vous souhaitez créer seront parfaitement clairs, plus il vous sera facile de leur donner vie dans la réalité.

À présent, prenez une autre feuille de papier et reportez la vision de votre mission de vie sur la ligne de vie de votre part spirituelle. Sur l'axe horizontal du temps, inscrivez « aujourd'hui » à gauche – un point zéro – et « 100 ans » à droite. Et, au-dessus de cet axe, écrivez : « Je suis le créateur de ma vie ! » Puis divisez l'axe en dix sections et marquez d'un petit trait 3 ans, 10 ans et 30 ans. Enfin, inscrivez les réponses à vos questions sur votre ligne de vie.

Observez votre ligne de vie et prenez la décision irrévocable que vous allez faire tout ce qui est en votre pouvoir pour vous créer exactement cette vie, voire une vie meilleure. Prenez conscience du temps dont vous disposez. Car nous avons tendance à surestimer ce que nous sommes capables de créer en l'espace d'une année et à sous-estimer ce que nous pouvons créer en dix ans.

Exercices

Si vous voulez ancrer solidement la vision de votre projet de vie dans votre inconscient, je vous recommande de faire ces deux exercices tous les jours à partir de maintenant.

Visualisez l'accomplissement de votre projet de vie

Devant votre regard intérieur, visualisez la manière dont vous allez faire les expériences que votre cœur désire pour vous. Alors fermez les yeux et imaginez-vous en train de vivre réellement chacun de ces moments magnifiques de votre futur. Sentez-vous ancré, avec tous vos sens, dans ce moment à venir, sentez comme cette expérience devient réalité. Reliez-vous à votre futur moi et sentez monter en vous la joie extrême d'avoir eu le courage d'expérimenter votre force créatrice. Imaginez que vous voyez les visages radieux des personnes que vous allez rencontrer dans votre vie et qui vous sont infiniment reconnaissantes d'avoir pris la décision de faire la différence dans ce monde. Réalisez que le moment le plus important de votre existence fut le jour où vous avez décidé de revivre à 100 % et de vous offrir au monde. Plongez dans un sentiment d'illimité et sentez la force créatrice infinie qui est en vous. Remerciez-vous d'avoir eu ce courage et d'avoir cru en vous. Soyez rempli d'amour à votre égard dans ce futur merveilleux et laissez ce sentiment de confiance en vous circuler dans chacune de vos cellules. Puis inspirez et expirez à fond. Souriez intérieurement et lorsque vous êtes prêt, rouvrez les yeux.

Notez par écrit l'accomplissement de votre projet de vie

Pour ancrer la vision de votre projet de vie dans votre quotidien et faire comprendre à votre inconscient que c'est exactement la vie que vous allez vous créer, notez par écrit tout ce que vous avez vu avec votre regard intérieur et aimeriez voir s'accomplir. En haut de la feuille, inscrivez une date dans le futur, par exemple le 1er janvier 2021, et notez votre vision comme si elle était déjà devenue réalité. Par exemple : « Je vis dans un bel appartement avec l'homme de mes rêves et mes deux enfants. Nous avons un toit-terrasse avec vue sur l'ensemble de la ville, des fleurs magnifiques et un espace de vie très spacieux. Mon partenaire et moi vivons une relation heureuse et épanouie au sein de laquelle nous accordons suffisamment de place à notre évolution intérieure et à nos rêves. Je suis très fière d'avoir évolué comme je l'ai fait au cours de ces trois dernières années et d'avoir commencé à vivre tout mon potentiel. Il y a encore quelques années, j'aurais jugé tout cela impossible. Avec le métier qui est le mien, j'apprécie d'être utile à toutes ces personnes qui se rencontrent à travers moi et je me réjouis des projets X, Y et Z que je vais réaliser cette année. Cela me fait tant de bien de pouvoir voyager plusieurs fois par an avec ma famille dans les plus beaux endroits du monde où j'apprends à connaître de nouvelles cultures et où j'élargis mon horizon. Je suis particulièrement ravie d'avoir été contactée par une maison d'édition avec laquelle je vais publier mon premier livre… »

Relisez cette lettre écrite à vous-même tous les matins au réveil et tous les soirs au coucher. Lorsque vous avez fini de la lire, répétez plusieurs fois la phrase : « Cette vie ou une vie meilleure. Merci. »

La voix de votre part spirituelle

Visualisez votre futur comme s'il était devenu réalité depuis longtemps. Dès aujourd'hui, vivez avec l'assurance que tout ce que souhaite pour vous votre part spirituelle va s'accomplir.

Commencez aujourd'hui

À ce stade, il se peut que vous ayez encore du mal à avoir une vision claire de votre vie et que vous vous disiez : « Qu'est-ce que je fais si je n'ai encore aucune idée précise de ma mission de vie ?» La réponse est très simple : Détendez-vous et vivez dans l'instant présent.

La vie n'a lieu qu'au présent, et même s'il est important que vous ayez une vision de votre projet de vie pour vous créer cette vie d'exception dont vous rêvez, il y a une question qui passe en priorité, à savoir : Qu'est-ce que vous pouvez faire dès aujourd'hui pour être heureux ?

Vous vous dirigeriez tout droit vers un terrible sentiment de frustration si vous ne viviez que pour le futur en oubliant d'œuvrer à votre bonheur dès aujourd'hui.

Le mieux est de commencer par une vision inspirante de la journée qui vous attend. Imaginez que la journée à venir est une vie en miniature. Ce matin, vous naissez et vous avez vingt-quatre heures qui s'offrent à vous et n'attendent qu'une chose : que vous les façonniez selon vos désirs. Laissez-vous guider par votre voix intérieure et laissez de la place à votre créativité pour qu'elle puisse respirer librement. À quoi ressemblerait cette journée idéale? Qu'est-ce qui vous rendrait heureux? Qu'aimeriez-vous créer? Que feriez-vous dès à présent pour aller vous coucher ce soir avec un sentiment de satisfaction? Que pouvez-vous accomplir aujourd'hui pour faire une différence dans votre vie et celle des autres? Quelle décision importante pouvez-vous prendre dès maintenant? Lorsque vous prendrez l'habitude de répondre à ces questions à chaque nouveau jour qui se lève, vous développerez tout naturellement une vision de votre projet de vie et commencerez déjà à le vivre au présent. Vous constaterez rapidement que votre existence prend une saveur toute neuve dès l'instant où vous donnez à chaque nouvelle journée l'occasion de devenir le plus beau jour de votre existence. Soudain, vous ne faites plus dépendre votre bonheur et votre satisfaction d'événements futurs ou de certaines réussites, mais vous savez que chaque jour nouveau contient déjà en lui tout le bonheur du monde à vous offrir. Il n'y a absolument aucune raison d'attendre quelque chose pour être heureux ou satisfait. Vous êtes le créateur de votre réalité et plus vous saurez précisément comment façonner cette journée, plus vite vous vous créerez exactement la vie que vous souhaitez.

La voix de votre part spirituelle

Chaque jour ressemble à une vie en modèle réduit. Alors créez dès aujourd'hui ce dont vous rêvez pour demain.

Mes remarques et mes conclusions :

....

....

....

....

....

....

....

....

....

....

....

....

....

....

Renforcez votre puissance créatrice

Devenez libre émotionnellement et spirituellement

Il est parfaitement normal que l'idée de développer une vision de votre mission de vie personnelle et unique puisse, au premier abord, vous paraître intimidante ou angoissante. Vous imaginer devoir sortir de votre zone de confort est une vision d'horreur absolue, surtout pour votre part rationnelle. Car votre moi rationnel refuse tout changement. Il est là pour assurer votre sécurité et votre survie, et que vous soyez heureux ou non de cette situation n'est pas sa priorité. D'ailleurs, il devient très créatif dès lors qu'il s'agit de semer le doute à l'intérieur de vous et de vous titiller, vous poussant à vous demander si votre projet de vie est bien le bon ou s'il n'est pas préférable, finalement, d'envisager le *statu quo*. Sans compter que vous pouvez continuer à porter en vous des convictions intérieures sclérosantes qui vous empêchent inconsciemment de vous autoriser à vivre votre force créatrice.

Vous rappelez-vous le passage où j'ai écrit que trouver et mettre en œuvre votre projet d'âme signifie accéder à votre plus grande évolution personnelle? En effet, votre vision et votre désir d'une vie d'exception vont automatiquement vous demander de vous débarrasser de ce qui vous a empêché jusque-là de suivre votre chemin.

Dès l'instant où vous avez pris la décision de vouloir vous créer une vie d'exception, des tas de questions vont surgir en vous. Par exemple : «Comment puis-je savoir que c'est le bon chemin?», «Et si j'échoue?», «Qui suis-je pour me permettre de me créer une vie d'exception?», «Où dois-je puiser le courage de partager mes projets avec le monde?»

Toutes ces questions intérieures sont parfaitement normales, et même importantes. Elles vous montrent les endroits où vous doutez encore de vous-même et de votre force créatrice, et que vous devez activement mettre en lumière pour dissoudre vos croyances limitantes. Car ce sont précisément ces questions qui empêchent la plupart des individus de se jeter à l'eau et de vivre leur vie en suivant leurs propres désirs et leurs visions personnelles. Si nous faisons remonter ces questions à la surface de notre conscience pour les percevoir, nous pouvons commencer à les transformer. Ce qui est paradoxal, c'est que nos peurs et nos blocages sont, d'un côté, les plus grands destructeurs de nos rêves mais, de l'autre, des éclaireurs qui nous montrent directement le chemin de notre guérison. Ils nous aident à revenir à l'amour qui nous attend toujours sur l'autre rive. Car l'amour est inné, nous l'avons en nous en naissant, alors que la peur est acquise, nous l'apprenons plus tard. Si nous sommes prêts à regarder nos ombres en face et à faire alliance avec nos démons intérieurs, nous voyons s'ouvrir un formidable espace de guérison en nous.

La voix de votre part spirituelle

Vos peurs et vos doutes vous montrent là où vous faites encore barrage à l'amour dans votre vie.

C'est notre propre résistance aux changements qui a permis aux doutes et aux peurs de demeurer en nous.

Lorsque vous cessez de résister à vos peurs, elles aussi vont céder. La peur n'est rien d'autre que l'anticipation de la souffrance. Ce qui nous fait peur, c'est la projection d'une représentation mentale négative dans le futur. Il ne s'agit pas d'éviter la souffrance, mais d'apprendre à l'intégrer dans notre propre vie – car elle en fait partie – et à l'autoriser à nous faire grandir. Le principal obstacle à notre processus d'évolution, c'est notre tendance à vouloir nous sentir bien immédiatement et éviter de passer par l'obscurité pour trouver la lumière. Quand le bien-être ne vient pas sur-le-champ, presque d'un claquement de doigts, nous croyons commettre une erreur ou que la voie suivie n'est pas la bonne. Pourtant, ce sont justement les petites morts qui nous amènent à nous libérer émotionnellement et mentalement. Il n'y a rien à redouter à l'extérieur. Le dragon à apprivoiser est à l'intérieur de nous. D'expérience, je peux vous dire que vos doutes intérieurs les plus tenaces sont souvent la meilleure indication que vous êtes sur la bonne voie. La vie devient beaucoup plus légère lorsque vous cessez d'attendre de vous sentir bien ou de vous sentir prêt pour prendre une décision ou changer quelque chose dans votre quotidien. Acceptez l'appel de l'Univers même si vous ne savez pas encore exactement à quoi ressemblera votre chemin. Ouvrez-vous à l'aventure de votre vie.

La voix de votre part spirituelle

La peur n'est rien d'autre que l'anticipation de la souffrance.
La joie est l'anticipation de l'amour.

Je vais vous raconter une petite histoire formidable, que vous connaissez peut-être déjà, et qui montre comment notre ego tente, souvent avec succès, de nous empêcher d'aller là où le trésor est caché :

Un homme est sous un lampadaire, en train de chercher, de chercher sans relâche. Un policier s'approche de lui et lui demande ce qu'il a perdu. L'homme lui répond : « Mes clés. »

Alors ils se mettent à chercher tous les deux.

Au bout d'un moment, le policier demande à l'homme : « Êtes-vous certain d'avoir perdu vos clés à cet endroit ? »

L'homme lui répond : « Non, un peu plus loin, mais il fait beaucoup trop sombre là-bas. » (Histoire tirée du livre de Paul Watzlawick, *Faites vous-même votre malheur*.)

L'art de manifester

Il y a deux ans, j'étais en Italie avec ma grande amie Victoria. Nous nous étions connues quelque temps auparavant aux États-Unis où nous avions étudié ensemble à l'université de Berkeley, en Californie. Et, depuis, nous étions toujours restées en contact. Parallèlement à ses études, Victoria travaillait à la télévision et m'avait proposé de m'aider à tourner la bande-annonce de mon nouveau programme en ligne. Spontanément, nous avions décidé de partir pour l'Italie et, une fois là-bas, d'effectuer les prises de vue dans une ancienne propriété. Un an plus tôt, Victoria était devenue maman d'une petite fille et, le soir, pendant que nous nous baladions au bord de l'océan et savourions la douceur de l'air marin, elle me racontait qu'elle avait trouvé une méthode pour que sa fille fasse ses nuits. Enthousiaste, elle me faisait part de son idée de vouloir aider d'autres parents à dormir suffisamment et à traverser sereinement les deux premières années qui suivent la naissance de leur enfant, une période souvent épuisante. Ses yeux brillaient de joie en me racontant son projet et son souhait de pouvoir aider ces pères et ces mères. En même temps, je percevais bien encore tous les doutes qui l'habitaient concernant la manière dont elle devait s'y prendre. Elle se demandait si ce n'était pas, finalement, une idée complètement saugrenue et si elle était la bonne personne pour lancer ce projet. Je sentais qu'elle était partagée entre, d'un côté son enthousiasme et sa joie à l'égard du projet qu'elle portait et, de l'autre, la peur de plonger dans cet avenir incertain.

Durant notre séjour de trois jours en Italie, nous tournions ma bande-annonce la journée et profitions de la soirée pour développer son projet. Nous avons réfléchi ensemble aux premières étapes à franchir pour qu'elle puisse déjà démarrer son projet avant de discuter de la manière dont elle voyait les choses à plus long terme. Lorsque nous avons repris l'avion pour l'Allemagne, Victoria se demandait toujours si elle allait pouvoir mettre tout cela en place, et si oui, comment, mais elle avait pris la ferme décision de tenter l'expérience, coûte que coûte. À l'occasion d'une conférence que j'ai donnée récemment à Cologne, j'en ai profité pour aller rendre visite à mon amie chez elle. Aujourd'hui, deux ans plus tard, elle est maman d'une deuxième petite fille, elle a monté sa propre affaire et elle fait exactement ce dont nous avions parlé lors de notre court séjour en Italie, pendant nos longues balades le soir sur la plage. Elle a lancé un podcast pour jeunes parents et développé son propre concept grâce auquel elle leur transmet sa méthode pour favoriser le sommeil de leur bébé.

Si vous, lecteur, tenez ce livre entre vos mains, c'est parce que vous aussi avez des rêves et des projets que vous aimeriez concrétiser. Je sais que vous sentez intuitivement depuis longtemps qu'il existe en vous une force positive qui vous aide à façonner votre vie en accord avec la manière dont vous vous la représentez. Mais sans doute connaissez-vous aussi les doutes, les inquiétudes et les peurs qui remontent en vous presque automatiquement dès qu'il s'agit de mettre en œuvre ce que vous imaginez. Vous êtes soudain assailli d'une foule de questions qui se bousculent dans votre tête et veulent leurs réponses toutes en même temps et si, dans ce processus intérieur, vous n'y faites pas attention, la peur de prendre une mauvaise décision peut vous paralyser et vous rendre convaincu que, de toute façon, ça ne marchera pas.

En vérité, rien n'entrave votre force créatrice, hormis vos préoccupations, vos doutes et vos peurs. Cette force est toujours à votre disposition. La manifestation est le processus de création naturel du monde. Nous possédons tous cette capacité à transformer des énergies subtiles (pensées et sentiments) en énergies plus denses (matière). C'est cette force magique en vous qui vous permet de matérialiser dans le monde extérieur des idées, des pensées et des désirs issus de votre conscience. Tout ce qui existe aujourd'hui dans votre vie, tout ce que vous possédez, ce que vous faites quotidiennement, votre mode de vie – tout cela résulte de votre processus de création personnel avec, toujours au départ, une pensée. Dans ce monde, sachez que rien n'existe qui n'ait été préalablement pensé.

À cause de nos doutes, de nos peurs et de nos pensées négatives, nous bloquons notre force créatrice. Nous utilisons inconsciemment nos pensées négatives et anxiogènes pour nous limiter ou nous éviter d'agir. Vous ne pouvez pas ne pas créer. À chaque instant, vous participez activement au processus de création à travers vos pensées, vos sentiments et vos actions. Chaque pensée, chaque sentiment, chaque action possède une énergie créatrice. La peur, le doute et l'inquiétude entraînent la manifestation d'une énergie de même nature, et en plus grande quantité. Vous allez faire des expériences qui vont vous insécuriser et vous faire douter encore davantage parce que toute votre attention est focalisée sur ces expériences, sur cette manière de penser. Ce qui est valable en négatif l'est aussi en positif. Lorsque vous pensez, ressentez et agissez dans la joie, la légèreté, la simplicité et l'amour, vous allez attirer dans votre vie des expériences qui vont encore renforcer cette énergie.

Qui se ressemble s'assemble. La peur attire la peur, l'amour attire encore plus d'amour. Ainsi, pour pouvoir concrétiser vos projets, vos rêves et la vie à laquelle vous aspirez, vous devez lever tous les blocages mentaux et émotionnels à l'intérieur de vous qui, jusqu'à présent, vous ont empêché d'utiliser votre puissance de manifestation à des fins personnelles et de réorienter vers l'amour une attention jusque-là focalisée sur la peur.

La voix de votre part spirituelle

La capacité de manifester est une aptitude humaine aussi naturelle que pouvoir marcher ou parler.

Remettez en question l'ensemble de vos doutes, de vos préoccupations et de vos pensées négatives s'ils ne vous apportent pas ce que vous désirez dans la vie. Identifier et comprendre dans quelle mesure nous influençons notre sort par nos pensées et nos actions constitue la base à partir de laquelle vous pouvez commencer à manifester dans votre vie ce que vous avez envie de créer.

Il y a une différence entre *souhaiter* quelque chose mais douter de sa concrétisation et *savoir*, c'est-à-dire n'avoir aucun doute sur votre capacité à manifester dans votre vie tout ce que vous aimeriez voir apparaître. Tout comme vous savez marcher, parler ou nager et ne doutez jamais de ces capacités, vous savez manifester car c'est une aptitude naturelle qui vous appartient.

Mais de la même manière que vous avez appris à marcher et à parler, vous devez apprendre l'art de manifester. Et pour le maîtriser parfaitement, il est primordial que vous puissiez identifier et dissoudre les blocages qui, jusqu'à présent, ont entravé votre énergie, l'empêchant de s'exprimer et de prendre toute son ampleur. Car manifester n'est finalement rien d'autre que transformer une énergie grossière en énergie subtile.

Plus vous aurez d'énergie à votre disposition dont vous aurez conscience, plus il vous sera facile de réaliser des choses que vous ne pensiez sans doute pas réalisables jusque-là.

Les sept principaux blocages énergétiques de votre force créatrice

Il existe sept niveaux principaux sur lesquels notre force créatrice peut se retrouver bloquée par nos convictions intérieures, nos croyances sclérosantes ou nos schémas comportementaux réducteurs. Il est probable que vous vous reconnaissiez parfaitement dans la description de certains niveaux et beaucoup moins dans d'autres. Il est tout à fait normal d'avoir développé des blocages énergétiques à un niveau ou à un autre au cours de la vie. L'essentiel est d'être honnête avec vous-même durant ce voyage intérieur et de faire preuve d'ouverture à l'égard de tout ce qui vous attend de l'autre côté de la peur. Car plus vite vous identifierez et accepterez vos propres blocages, plus vite vous pourrez les dissoudre et vous en débarrasser.

À chaque nouveau projet que j'ai souhaité mettre en place ou à chaque nouvelle difficulté que j'ai rencontrée sur mon chemin, j'ai toujours été confrontée à mes propres limites mentales et j'ai été exhortée par la vie à les regarder en face pour m'en défaire. C'est le précieux cadeau que nous apporte notre détermination à concrétiser nos rêves : celui de nous obliger à regarder attentivement ce que nous trimballons à l'intérieur de nous, ce qui nous permettra de lâcher définitivement tous nos vieux baluchons et tout ce qui nous a empêchés de déployer nos ailes jusqu'à présent. En réalité, réaliser ce que nous imaginons dans notre tête ressemble davantage à un processus de nettoyage intérieur et à un retour progressif à notre essence spécifique originelle qu'à l'obtention d'un résultat, quel qu'il soit.

NIVEAU 1
Confiance profonde contre Peur

Le premier niveau sur lequel la force de manifestation peut être bloquée est celui de la confiance profonde.

C'est notre état naturel, celui avec lequel nous venons au monde, mais il est souvent mis à mal par des expériences négatives ou traumatisantes. Lorsque vous êtes dans la confiance profonde, vous vous sentez solidement et profondément relié à vous-même et à la vie, et légitime ; vous savez que vous avez une raison d'être là, maintenant, sur cette Terre. Mais quand votre confiance profonde est ébranlée, ce sont vos plus grandes peurs qui viennent la remplacer. La peur de la solitude, de la séparation ou de l'échec. Votre ego va alors utiliser toute votre énergie pour vous protéger et veiller à ce que vous ne preniez aucun risque. Reconstruire et consolider une confiance profonde à l'intérieur de soi est indispensable à une libre circulation de l'énergie sur l'ensemble des autres niveaux.

Les doutes et les pensées typiques d'un blocage au niveau de la confiance profonde sont :

« Je n'ai pas mérité de me créer une vie d'exception. »
« Personne ne s'intéressera à ce que je fais. »
« J'ai peur d'échouer. »
« Qui suis-je pour avoir le droit de concrétiser mes rêves ? »
« Je ne me crois pas capable de réussir. »

Si l'une de ces phrases vous est familière ou s'immisce de temps en temps dans votre réalité, les deux étapes suivantes peuvent vous aider à retrouver peu à peu une confiance profonde et à dissoudre vos blocages à ce niveau pour permettre à votre énergie de circuler à nouveau librement.

La voix de votre part spirituelle

Avoir une saine confiance signifie aller au-devant de soi-même, des autres et de la vie de façon positive.

Exercice de la part spirituelle (étape 1)

Guérissez la part blessée en vous

Combien de fois me suis-je entendue répéter l'une de ces phrases négatives en moi – et parfois si fort que j'étais sourde à tout le reste. Je connais le sentiment paralysant qu'elles peuvent déclencher chez un individu. Ce qui m'a aidée à m'en détacher en toute sérénité a été de me rendre compte qu'elles n'avaient rien à voir avec ma situation présente, mais trouvaient leur origine dans mon histoire et appartenaient donc au passé. Ces pensées et croyances négatives indiquent à notre âme qu'il reste quelque chose de notre histoire que nous n'avons pas encore traité, intégré, transformé par un travail sur nous-mêmes. Parfois, l'origine de ces phrases négatives peut même remonter à notre petite enfance. Sans doute vous rappelez-vous mon expérience du concours hippique ? À cette occasion, il m'était venu à l'esprit la phrase suivante : « La réussite fait mal et a un goût de solitude. » Cette idée m'a poursuivie longtemps dans ma vie, me poussant à me faire toute petite, à ne jamais vouloir me faire remarquer et à éviter le succès à tout prix. Ce n'est qu'en prenant clairement la décision d'aider les autres, de les encourager à mesurer toute la valeur de leur personnalité unique et de partager les expériences de mon propre développement personnel que je me suis rendu compte que cette conviction intérieure négative me bloquait. Parce que mon désir d'apporter aide et soutien aux autres était beaucoup plus fort que celui de rester indéfiniment dans ma peur, j'ai commencé à lever mes blocages, les uns après les autres. Je savais intuitivement que c'était le seul moyen de parvenir à concrétiser mon projet de vie. L'avenir que j'entrevoyais pour moi m'a aidée à me percevoir de nouveau comme une personne entière et complète – celle que j'avais toujours été, en vérité.

Étant donné que les blocages au niveau de la confiance profonde trouvent leur origine dans notre passé, l'exercice qui consiste à réparer le moment où cette confiance a été blessée pour ressentir une plénitude totale constitue un exercice très puissant et particulièrement efficace. Dès l'instant où vous modifiez dans votre inconscient le jugement que vous avez porté sur l'événement traumatisant ou l'expérience négative pour en donner une nouvelle interprétation, vous êtes en mesure de dissoudre les blocages énergétiques qui lui sont liés.

Retrouvez votre enfant intérieur (Méditation)

Fermez les yeux et connectez-vous à l'intérieur de votre être. Quelle phrase négative est ancrée en vous et vous bloque au niveau de la confiance profonde? Voyez-la apparaître devant votre regard intérieur. Soyez à l'écoute des émotions ou des sentiments que les mots suscitent en vous et de la manière dont cette phrase résonne dans votre corps. Regardez ces mots bien en face et peut-être sentirez-vous à quel point ils vous accompagnent dans votre vie depuis fort longtemps. Laissez-vous transporter en arrière par votre part spirituelle, la part de vous-même la plus élevée et la plus bienveillante, jusqu'au moment où cette phrase négative est entrée dans votre vie. Vous pouvez imaginer que la part de vous-même la plus élevée et la plus bienveillante est votre moi quand vous aurez 80 ans ou bien une autre personne, celle en qui vous avez confiance pour jouer le rôle de votre mentor intérieur. Connectez-vous à l'endroit où vous a conduit la part pleine de sagesse en vous, c'est-à-dire à l'origine de cette phrase négative. Percevez ce qui s'est exactement passé à ce moment-là, ce qui vous a ébranlé dans votre confiance profonde. Imaginez que vous pouvez faire défiler ce moment de votre vie sous vos yeux, autant de fois que nécessaire, comme un film de cinéma. Et dites-vous que vous pouvez sortir de cette situation à tout instant – elle n'est qu'un souvenir, une vieille mémoire.

Regardez-vous, enfant, et percevez le plus clairement possible ce qui s'est passé pour vous à ce moment-là.

Puis imaginez que vous vous dirigez vers le petit enfant que vous étiez en compagnie de votre part spirituelle, que vous le prenez dans vos bras et que vous le serrez contre vous, longtemps. Offrez à votre enfant intérieur tout l'amour, toute l'affection et toute la confiance dont il a besoin maintenant. Enveloppez-le dans un océan d'amour et de lumière. Posez votre main sur le cœur de votre enfant intérieur et imaginez une magnifique lumière dorée circuler dans son petit corps et lui redonner toute sa force originelle. Il vous regarde avec une ouverture et une confiance totales, et il vous sourit. Il comprend que vous êtes venu pour lui dire qu'il a toujours été aimé. À présent, prononcez devant lui les phrases suivantes :

«Tu es infiniment précieux et tu es aimé au-delà de tout.

Tout ce dont tu as besoin, tu le portes déjà en toi.

Je suis toujours à tes côtés.

Je t'aime.»

Regardez-vous tous les trois : votre part spirituelle, votre enfant intérieur et vous-même, à cet instant. Sentez comme vos pieds reposent solidement dans le sol, comme vous êtes relié à la terre, puis dites à voix haute :

«Ce moment est plénitude pour moi. J'y puise une force intérieure que j'emporte avec moi dans mon futur et je permets à cette expérience de servir ma propre croissance personnelle. Merci.»

Puis prenez tendrement congé de votre enfant intérieur, désormais totalement détendu, qui se tient à vos côtés dans toute sa force et sa plénitude, et qui vous sourit. Vous savez que vous pouvez aller le retrouver à n'importe quel moment et lui apporter de l'amour.

Maintenant, revenez au présent avec votre part spirituelle remplie de sagesse et remerciez-la de vous avoir guidé. Prenez une respiration profonde, souriez-vous intérieurement et, lorsque vous vous sentez prêt, rouvrez les yeux.

Exercice de la part spirituelle (étape 2)

Focalisez votre attention sur l'amour et non sur la peur

Au sortir de cette méditation, vous sentez peut-être déjà que quelque chose a bougé en vous et que la dissolution de votre blocage vous ouvre une nouvelle perspective sur vous-même et votre force créatrice. Peut-être pouvez-vous même percevoir que vous avez réservé un espace plus grand pour accueillir l'amour à l'intérieur de vous. Alors autorisez-vous maintenant à orienter toute votre attention sur l'abondance et la joie dans votre vie. Et quand vous sentez revenir les doutes sur vous-même, répondez aux questions suivantes de votre part spirituelle :

« Si je mène une existence heureuse, épanouie et réussie, qui va pouvoir en profiter ? »

« Qui puis-je aider à travers mon histoire et mes expériences ? »

« Comment puis-je apporter davantage d'amour et de lumière dans ce monde ? »

Ces questions vous ouvrent la possibilité de vous voir sous un autre éclairage et vous aident à prendre conscience de tout ce que vous portez déjà en vous de nature à pouvoir aider le monde. Elles vous permettent de donner automatiquement un sens plus élevé à vos actions et à la vision de votre projet de vie. Dès lors, vous comprenez que ce que vous faites, imaginez ou concevez ne vise plus seulement votre réussite personnelle parce que vous vous considérez désormais comme faisant partie d'un plus grand Tout. Ce sens supérieur que vous donnez à ce qui vous anime va se renforcer régulièrement et devenir plus fort que la peur de votre ego.

Pour chacun des objectifs que vous vous fixez, posez-vous toujours la question suivante : « Dans quelle mesure cet objectif va-t-il non seulement m'être profitable, mais aussi bénéficier aux personnes de mon entourage, à la nature, voire à l'ensemble du monde ? » Si vous avez cette attitude intérieure, vous entrez en contact avec une part de vous-même plus vaste que votre ego. Lorsque vous vous considérez vous-même comme une partie du grand Tout, vous vous reliez profondément à l'intelligence universelle et divine qui vous traverse et qui dissout les peurs du rejet ou de l'échec. C'est le passage de l'ego à la part spirituelle. Votre ego demandera toujours : « Qu'est-ce que je peux avoir ? », alors que votre part spirituelle se dira : « Qu'est-ce que je peux donner ? »

Voici une affirmation aussi belle que puissante que vous pouvez utiliser pour renforcer votre confiance profonde :

Je suis une partie de l'Univers et l'Univers est une partie de moi. Je suis le bienvenu ici et je porte déjà en moi tout ce dont j'ai besoin.

NIVEAU 2
Créativité contre Comparaison

Le deuxième niveau qui peut faire l'objet de blocages est celui de notre créativité et de notre courage à exprimer notre originalité fondamentale. D'un côté nous avons un projet de vie, des désirs et des rêves personnels, mais de l'autre nous nous comparons sans cesse aux autres.

Les doutes et les pensées typiques d'un blocage au niveau de la créativité sont :

« Quelqu'un d'autre peut faire mieux ! »
« Cette idée existe déjà depuis belle lurette… »
« Untel a obtenu un super résultat ! Je ne ferai certainement jamais mieux. »
« C'est normal qu'Unetelle ait si bien réussi et soit si heureuse, mais c'était beaucoup plus facile pour elle que pour moi. »
« Je ne crois pas qu'avec moi ça puisse fonctionner. »
« Je n'ai jamais d'aussi bonnes idées que les autres. »

Là aussi, je peux vous assurer qu'il est parfaitement normal d'avoir ce type de pensées et de doutes. Notre ego est plutôt habile lorsqu'il s'agit de nous empêcher de sortir de notre zone de confort et de réaliser nos rêves. Il va automatiquement commencer à chercher et à trouver des raisons pour lesquelles votre projet peut marcher pour tout le monde sauf pour vous. Personnellement, l'un de mes plus grands changements intérieurs a été de cesser de me comparer et de me trouver des excuses débiles pour ne pas me lancer dans mes projets.

Parmi tous nos blocages, nul doute que notre fâcheuse tendance à nous comparer aux autres est ce qui nous handicape le plus dans notre processus de création. D'abord parce que nous focalisons notre attention – c'est-à-dire toute notre énergie – sur quelqu'un d'autre et donc pas sur nous-mêmes. Ensuite parce que nous nous empêchons ainsi d'entrer en contact avec notre cadeau personnel au monde. Nous nous occupons des cadeaux des autres alors qu'en réalité nous ignorons tout de leur chemin à eux. Nous ne savons pas quel est le voyage ni quelle est la mission d'âme de la personne que nous croisons. Nous ne savons pas ce qu'elle a peut-être dû surmonter et, surtout, nous ne savons jamais si cette personne ne passe pas justement tout son temps à se comparer aux autres et ne cherche pas elle aussi, comme n'importe qui, à être vue et aimée. Nous passons alors notre existence à courir après les prétendus avantages ou attributs de quelqu'un qui, en vérité, n'a rien de plus que nous, et peut-être même moins, ce qui est le meilleur moyen de passer à côté de notre propre vie.

Je me suis comparée aux autres pendant des années. Mon ego se disait des choses du style : «Elle a dix ans de plus que moi, ce qui explique pourquoi elle est sans doute si compétente dans ce qu'elle fait.» Ou : «Elle a dix ans de moins que moi, c'est pourquoi elle est sans doute si à l'aise et si détendue dans ce qu'elle fait.» Ou encore : «Son histoire est encore plus forte que la mienne. C'est donc beaucoup plus facile pour elle de toucher un public si nombreux. » Ou, au contraire : « Son histoire est beaucoup moins lourde que la mienne. C'est donc beaucoup plus facile pour elle d'obtenir une si belle réussite. »

La voix de votre part spirituelle

Votre habitude de vous comparer aux autres vous rend aveugle à la personne unique et originale que vous êtes.

Étant donné que chaque être humain est absolument unique, nous pouvons toujours, fondamentalement, nous comparer aux autres. Nous pouvons utiliser chacune des comparaisons que nous établissons pour nous donner de bonnes raisons de ne pas agir ou nous convaincre qu'il est absurde de nous lancer dans la concrétisation de nos rêves. Rétrospectivement, je trouve ce schéma de fonctionnement de notre ego le plus dangereux de tous pour notre propre force créatrice parce qu'il nous dévalorise et dévalorise nos semblables. Au lieu de reconnaître nos congénères pour la qualité de leur travail et leur qualité d'être, nous les jugeons mal. Pourtant, leur chemin de vie n'a rien à voir avec le nôtre et le jugement que nous portons sur eux n'est en réalité qu'un jugement porté sur nous-mêmes. Chaque comparaison n'est toujours qu'un jugement de valeur sur nous-mêmes.

Dès l'instant où nous nous comparons, nous déprécions notre caractère unique. Nous cherchons à l'extérieur une confirmation qui devrait se vivre à l'intérieur. Votre habitude de vous comparer à des personnes extérieures vous rend aveugle à l'être unique et original que vous êtes.

Les comparaisons entraînent fréquemment des sentiments de jalousie et d'envie qui vous font penser : « Je ne serai jamais comme ça » ou « Ça, je n'y arriverai sûrement pas. » Ces sentiments vous montrent qu'il existe encore une part de vous qui est dans le manque.

Au lieu de vous dire : « Je ne serai jamais comme ça », autorisez-vous à sentir à l'intérieur de vous vos propres aspirations et à les faire devenir réalité dans votre vie personnelle. L'envie vous montre simplement que vous n'avez pas encore compris que vous êtes, vous aussi, une « œuvre originale » et non une copie, que vous portez en vous une force créatrice illimitée et que vous ne vivez pas encore tout votre potentiel. Car le jour où vous sentez, au plus profond de votre cœur, que vous êtes une personnalité originale et unique, tous vos sentiments d'envie ou de jalousie s'envolent. Car ces sentiments négatifs ont alors rempli leur mission. Ne luttez jamais contre eux, mais remerciez-les de vous rappeler qu'il est temps de vivre vos rêves et d'exploiter votre potentiel. Saluez ces sentiments d'envie ou de jalousie avec un sourire, car ce sont d'excellents indicateurs de vos souhaits les plus profonds. Ils vous montrent ce que vous admirez chez telle ou telle personne, laquelle devient alors le miroir de vos aspirations.

Dès que j'ai pris conscience de ce schéma de fonctionnement chez moi, j'ai commencé à voir les choses autrement, à prendre pour modèles des personnes qui m'inspirent et à identifier en moi ce qui me rend unique. J'ai troqué mes éternelles comparaisons contre les exemples inspirants de personnes qui ont tracé leur route sans se préoccuper de celle des autres, qui ont défendu leur vérité à elles, qui ont fait une différence dans le monde et qui m'ont donné le courage de faire, moi aussi, une différence sur cette Terre. Considérez les autres comme des miroirs de votre propre force et de la puissance créatrice présente à égalité dans tous les êtres humains. À un moment donné, dans notre vie, il nous faut décider si nous voulons nous trouver constamment des prétextes ou, au contraire, nous créer une vie d'exception. Les deux à la fois, c'est impossible.

À vous de choisir, de décider si vous considérez votre passé comme un moteur et une source d'inspiration ou, au contraire, comme un frein à main. Ce sont justement les défis à relever sur notre parcours de vie et les décisions que nous prenons en étroite connexion à nous-mêmes qui nous font découvrir notre propre lumière et la personnalité unique que nous sommes. Si vous êtes authentique, vous êtes fidèle à vous-même à chaque instant, vous savez qui vous êtes et ce que vous avez envie de créer dans votre vie. La véritable réussite consiste à vivre en accord avec la voix de votre cœur et à la partager courageusement avec le monde. Ne gaspillez plus votre énergie à essayer de vouloir être quelqu'un d'autre. Vous avez le droit de vous montrer dans votre unicité, et c'est cette unicité qui est belle.

La voix de votre part spirituelle

Le privilège de votre vie est d'avoir le droit d'être vous-même. Si vous voulez réussir, regardez à l'intérieur de vous et mettez en lumière votre caractère unique.

Activez votre potentiel créateur

Vous avez en vous un potentiel créateur d'une profondeur infinie. Vous êtes, par nature, un être créateur. Chaque pensée, chaque action est un acte créateur du seul fait qu'il y a création de quelque chose qui n'existait pas auparavant. Plus vous apprécierez et valoriserez ce potentiel créateur en vous, moins vous vous comparerez aux autres. Vous entrerez en contact avec vos propres idées, avec votre inspiration et avec le désir intérieur, présent en chaque être humain, d'exprimer sa spécificité.

À la maison, créez-vous un lieu bien à vous pour laisser libre cours à votre force créatrice. Peu importe la taille de cet espace. Vous pouvez utiliser aussi bien votre table de bureau que la cuisine, le grenier, le jardin, le balcon ou votre lit. L'important, c'est que vous vous y sentiez bien et en sécurité. Mais j'insiste : cet espace est exclusivement réservé à votre créativité. En sont bannies vos autocritiques ou toute forme de jugement. Votre créativité ne peut être pleinement exploitée que si elle bénéficie d'un espace libre de tout jugement de valeur, où chaque idée a le droit d'exister.

Vous avez toute liberté pour aménager cet endroit comme vous le désirez. Par exemple, vous pouvez y imprimer et y afficher des affirmations positives. Ou en faire un lieu particulièrement douillet et confortable. Ou, au contraire, le laisser dans un style assez sobre et dépouillé. Essayez de sentir à l'intérieur de vous ce dont votre créativité a besoin pour s'exprimer de façon optimale.

Chaque jour, passez du temps à cet endroit. Lorsque vous y pénétrez, dites-vous en toute conscience : « Je suis maintenant dans mon espace de création. J'ai le droit d'y être tel que je suis. Ici, toutes les idées ont droit à la parole, qu'elles soient réalistes ou me paraissent un peu folles pour le moment. »

Le meilleur moyen d'activer votre potentiel créateur est de diriger votre attention à l'intérieur de vous-même et de vous relier directement à la source de vos idées. Ayez toujours une feuille de papier et un crayon à portée de main pour pouvoir noter ou dessiner les images et les pensées qui vous viennent.

Asseyez-vous confortablement, posez tranquillement vos mains sur vos genoux et fermez les yeux. Inspirez et expirez à fond. Laissez votre corps se détendre profondément. Dans votre tête, comptez lentement à rebours de dix à zéro et, à chaque chiffre, détendez-vous encore un peu plus. À présent, portez toute votre attention sur votre cœur; sentez-le battre et percevez son énergie circuler à l'intérieur de vous. Restez un moment à cet endroit en savourant votre connexion à votre force de vie. Puis laissez jaillir en vous un sentiment de gratitude à l'égard de votre existence et de votre force créatrice. Remplissez-vous de reconnaissance et d'amour. Laissez monter en vous cette gratitude envers toutes les idées formidables que vous avez déjà eues dans votre vie et envers la créativité infinie de l'existence. Sentez-la se renforcer jusqu'à vous sentir délicieusement envahi par la légèreté de cette énergie positive et permettre à votre cœur de s'ouvrir encore plus largement.

Puis, tranquillement, dirigez vos yeux – toujours fermés – vers le haut, comme si vous cherchiez à voir vos sourcils. Gardez vos yeux dans cette position, sans les ouvrir. Puis demandez-vous, dans cet instant de détente et de sérénité :

« Qu'est-ce qui est autorisé à émerger à travers moi aujourd'hui ? »
« Qu'est-ce qui voudrait s'exprimer à travers moi ? »
« Qu'est-ce que j'aimerais créer ? »

Laissez résonner ces questions en vous sans vous mettre la pression de devoir y répondre tout de suite. Imaginez que vous les envoyez dans le cosmos et les suivez des yeux, les regardant s'envoler, puis que le cosmos vous renvoie une énergie puissante que vous sentez circuler à travers votre corps. Peut-être voyez-vous certaines images défiler devant votre regard intérieur – vous voyez-vous travailler à un projet, écrire un livre, parler sur scène devant un public ou voyager dans un pays étranger, par exemple ? Peut-être des mots vous viennent-ils, des phrases entières ou des idées de nouveaux produits que vous aimeriez développer ? Quels que soient les images, les mots ou les idées qui émergent en vous, accueillez-les avec bienveillance. Sentez ce qui se passe à l'intérieur de vous à la perspective de les mettre en œuvre. Peut-être cela vous réjouit-il ou vous excite-t-il. Continuez d'accueillir les idées et les images qui vous viennent, puis dites merci de pouvoir bénéficier de cette source d'inspiration, souriez-vous de l'intérieur, inspirez et expirez à fond et, quand vous vous sentez prêt, rouvrez les yeux.

Prenez la feuille de papier posée à côté de vous et notez-y les idées et les images qui vous sont venues à l'esprit. Inscrivez-les toutes, même si vous ne savez pas encore si vous allez les concrétiser – et si oui, comment. Le principal objectif de cet exercice est de vous relier consciemment à votre créativité intérieure et d'accéder à la source d'inspiration nichée à l'intérieur de vous.

Vous pouvez utiliser l'affirmation suivante, aussi belle que puissante, pour activer votre créativité :

« Je suis d'une créativité infinie et les idées affluent en moi avec une facilité déconcertante. »

NIVEAU 3
Nouveauté contre Sécurité

Le troisième niveau qui peut se trouver bloqué sur le plan énergétique est la peur d'oser la nouveauté, de vous jeter à l'eau et d'agir. En général, nous préférons attendre le bon moment, le moment idéal, mais qui n'arrive jamais, en fin de compte. Résultat : nous pouvons rester toute notre vie dans cette voie intérieure sans issue, dans cette attente désespérée du moment parfait qui ne viendra jamais.

Les doutes et les pensées typiques d'un blocage au niveau du lâcher-prise nécessaire à un passage à l'action sont les suivants :

« Je préfère continuer à me former/à étudier. »
« Je ne me sens pas encore prêt. »
« J'ai peur de me jeter à l'eau. »
« J'ai peur de perdre ma sécurité. »
« Je ne sais pas ce que je dois faire et je n'arrive pas à me décider. »
« J'ai peur de prendre la mauvaise décision. »
« Je ne sais pas comment commencer pour bien commencer. »
« Je n'ai aucune compétence en [ajouter le domaine]. »

Nous pouvons imaginer, soit le *scénario idéal,* soit le *scénario catastrophe* pour notre avenir et nos projets. Notre imagination nous autorise les deux, mais selon celui que nous choisissons, les conséquences sur notre vie, sur les décisions que nous prenons et sur notre ressenti sont totalement différentes. Nous représenter mentalement le pire des scénarios, voir défiler devant nos yeux intérieurs des images de nous en train de vivre sous les ponts, seuls et fauchés, ne fait qu'attiser le feu de la peur en nous. Ces images et ces représentations mentales nous bloquent encore davantage, renforcent notre peur et nous font préférer nos bonnes vieilles habitudes au grand saut dans l'inconnu. Nous utilisons alors la force incroyable de notre imagination pour nous mettre des bâtons dans nos propres roues au lieu de nous motiver à avancer.

Soit nous nous inventons sans cesse des excuses, soit nous nous créons une vie d'exception. Les deux à la fois, c'est impossible. La condition indispensable pour voir vos rêves, vos objectifs et vos désirs se concrétiser est d'oser plonger dans l'inconnu et d'être prêt à faire davantage confiance à l'inexploré, à l'incertain, qu'à ce que vous connaissez déjà par cœur. C'est la clé d'une existence libérée du stress et réussie. D'ailleurs, ce saut dans l'inconnu n'a rien d'exceptionnel, en vérité, car le futur est toujours incertain, finalement. Il n'y a aucune garantie, rien de sûr, dans la vie. Mais ce que je sais avec certitude, c'est que l'existence dont vous rêvez ne prendra pas corps si vous suivez vos peurs et ne tentez jamais rien en dehors de votre zone de confort. Notre cerveau nous fait simplement croire que nous sommes plus en sécurité si nous croyons connaître d'avance tous les impondérables de la vie et faisons ce que nous avons toujours fait. Mais si nous suivons cette voie, nous n'entrerons jamais en contact avec notre grandeur intérieure, notre lumière et notre potentiel créateur. Seul le choix du saut dans l'inconnu peut nous conduire à cet endroit de plénitude et d'abondance à l'intérieur de nous-mêmes.

Cessez de vous imaginer que seules les bonnes décisions sont celles qui mènent tout droit au bon résultat. Car, justement, ce sont parfois les détours, les obstacles et les difficultés que nous rencontrons sur notre chemin qui nous permettent d'entrer en connexion avec nous-mêmes et notre force intérieure. Attendre le bon moment ou que le bon chemin s'ouvre soudain à vous, comme ça, *ex nihilo*, est le meilleur moyen d'attendre toute votre vie. Il n'existe pas de plus grande liberté que celle de prendre des décisions claires et déterminées pour vous-même et pour votre vie.

Naturellement, vous ne pouvez pas encore savoir aujourd'hui si ce sera la bonne décision, mais la vraie question est plutôt la suivante : Comment sauriez-vous que vous avez pris la bonne décision? Parce que tout irait comme sur des roulettes? Parce que vous deviendriez millionnaire? Parce que les choses rouleraient exactement comme vous le souhaitez? S'agit-il vraiment de cela? Ou ne s'agit-il pas plutôt de considérer la vie comme un lieu où il vous est permis de faire des expériences aussi nombreuses que variées? Vous avez le droit d'échouer, vous avez le droit de réussir, vous avez le droit de vous laisser du temps et vous avez le droit de rectifier le tir en cours de route. Aucune de ces expériences n'est mieux ou moins bien qu'une autre. Toutes font partie de votre existence. Et ce n'est pas parce que vous prenez une décision aujourd'hui que vous en êtes prisonnier pour le restant de vos jours.

La voix de votre part spirituelle

La confiance en soi que nous sommes si nombreux à attendre pour pouvoir enfin poursuivre nos rêves ne se forge en vérité qu'à chaque pas que nous faisons dans leur direction.

En revanche, une décision vous permet de vous lancer et de passer à l'action, et c'est le seul moyen de découvrir si vous avez fait le bon choix ou non. Et vous savez quoi? Sur le chemin qui est le mien, j'ai pris d'innombrables décisions et constaté, au fil du temps, que telle ou telle n'était finalement pas la bonne pour vivre la vie que je voulais vivre. Alors j'en ai pris une autre qui m'a orientée dans une autre direction. Mais je n'aurais jamais pu prendre cette nouvelle direction si, un jour, je n'avais pas décidé de me mettre en route, coûte que coûte. C'est par nos décisions que nous nous forgeons notre destinée. Plus nous prenons des décisions fermes qui vont dans le sens de la vie que nous voudrions vivre, plus nos chances sont grandes de vivre un jour cette vie.

Mais ce qui est encore beaucoup plus précieux que de renoncer à nos doutes et d'attendre le moment idéal est de gagner en confiance à chaque nouvelle décision. À chaque fois que vous prenez une décision pour suivre votre propre chemin, vous vous offrez une nouvelle confiance. La confiance en soi que nous sommes si nombreux à attendre pour pouvoir enfin poursuivre nos rêves ne se forge en vérité qu'à chaque pas que nous faisons dans leur direction.

Mais le plus beau dans l'histoire, c'est que la question de savoir si, au bout du compte, vous atteignez exactement l'objectif que vous avez imaginé, est secondaire. Pourquoi ? Parce que dès l'instant où vous vous mettez en route, vous avez déjà gagné infiniment plus de choses que vous n'en aviez auparavant, et chaque pas que vous faites va de pair avec une nouvelle confiance et une reconnaissance vis-à-vis de vous-même.

Même si, du point de vue de la région de votre cerveau responsable de votre survie, il est parfaitement paradoxal de vous lancer dans l'inconnu avec une confiance totale au lieu de rester dans les limites du connu, c'est pourtant le chemin qui va vous révéler les véritables possibilités et le miracle de la vie. Et même si vous ne savez peut-être pas encore très bien en quoi doit consister votre chemin ni le cadeau que vous avez à apporter au monde, ne faites pas la politique de l'autruche : allez à la rencontre du monde, mouillez votre chemise, faites vos expériences et donnez-vous cette chance formidable de découvrir la vie et de vous découvrir en cours de route. Les deux étapes suivantes peuvent vous aider à mieux gérer la peur de l'incertitude et à aller à la rencontre de ce que vous ne connaissez pas encore avec davantage de facilité et de confiance.

Exercice de la part spirituelle (étape 1)
Élaborez un plan d'action

La peur n'existe que dans notre tête. Elle n'est rien, sauf si nous la convoquons dans notre vie par le biais de nos pensées. La peur a pour effet de diminuer notre capacité à trouver des solutions et de nous crisper intérieurement. Lorsque nous avons peur, nous perdons de vue notre chemin. Si elle est déjà installée, la peur veut rester, et il nous faut décider d'une nouvelle attitude intérieure pour retrouver la confiance dans notre énergie. Ce qui peut nous aider grandement à adopter cette nouvelle attitude et à sortir de ce conflit intérieur, c'est de donner à notre cerveau quelque chose qui lui fournit sa dose de sécurité sous une autre forme : un programme !

Tant que vous êtes dans votre tête et laissez les commandes aux mains de votre peur, vos pensées manquent de clarté et vous manquez de suite dans les idées parce que vous vous noyez dans votre sentiment de peur. Mais si vous élaborez un plan d'action qui tient compte de tous les risques et comporte des objectifs intermédiaires parfaitement clairs, vous voyez votre peur se transformer en joie anticipée car, soudain, vous voyez réapparaître devant vous un chemin à suivre. Alors prenez une feuille de papier et un crayon, et établissez un programme aussi concret que possible.

Pour réaliser cet exercice, imaginez que vous vous rencontrez dans trois ans et que vous avez réussi à vous créer une vie absolument merveilleuse. Regardez comme vous rayonnez et comme votre vie est un ciel limpide. Puis imaginez que vous allez interviewer votre futur moi. Entamez l'entretien par les paroles suivantes : « C'est magnifique de vous voir nager dans un tel bonheur. Vous avez acquis un rayonnement incroyable et êtes parfaitement à votre place, à l'aise avec vous-même et avec votre vie. Cela me fait plaisir de vous voir ainsi. Peut-être pouvez-vous vous souvenir du programme que vous avez élaboré pour votre avenir il y a trois ans. Je suis impatient de savoir comment vous avez procédé pour en être là où vous en êtes aujourd'hui. Comment avez-vous commencé ? »

Maintenant, inversez les rôles et mettez-vous dans la peau de votre futur moi en répondant aux questions. Ensuite, vous pouvez lui demander quelles difficultés il a rencontrées sur son chemin et si, avec le recul, il aurait agi autrement. Demandez à votre futur moi tout ce que vous aimeriez savoir. Une fois que vous avez obtenu les informations que vous souhaitiez, prenez congé de lui. Et, aussitôt, saisissez votre feuille de papier et votre crayon. Notez tout ce que vous avez appris de votre futur moi et prenez le temps d'établir un plan d'action pour vos étapes à court et à moyen termes. Réfléchissez aux personnes qui pourraient vous soutenir tout au long de votre chemin et à qui vous pourriez demander de l'aide en cas de difficulté. Dites-vous que vous n'êtes jamais seul. Il y a tant de personnes qui seront toujours là pour vous prêter une oreille attentive et demeureront à vos côtés. Plus vous parviendrez à vous mettre dans la peau de votre futur moi, plus vous vous sentirez en confiance et en sécurité pour cheminer sur la route qui est la vôtre.

Rappelez-vous régulièrement, en toute conscience, de tous les moments de votre vie où vous avez réussi certaines expériences et relevé certains défis, même si au départ vous n'aviez peut-être aucune idée de la manière dont les choses se passeraient et doutiez de votre capacité à réussir. Ces moments existent, j'en suis persuadée. Alors connectez-vous régulièrement à ces moments positifs. Sentez en vous la force qui a rendu possibles ces expériences réussies. Puis concentrez votre attention sur ce que vous aimeriez réussir à partir de maintenant et mettez-vous dans la peau de quelqu'un qui a la certitude de réussir la nouvelle expérience envisagée. C'est le processus de la force créatrice en action, c'est la manifestation d'une vie où votre esprit, votre âme et votre corps sont en harmonie avec l'énergie divine qui circule dans chaque être humain et que vous mobilisez pour vous créer une existence qui a du sens, non seulement pour vous, mais aussi pour vos semblables et toutes les créatures vivantes.

Exercice de la part spirituelle (étape 2)

Détendez-vous et vivez confortablement l'incertitude

Sans doute avez-vous déjà vécu cet instant où vous lisez une citation et où les mots ouvrent soudain une porte en vous, comme une révélation qui transforme complètement votre vision de la vie. Pour moi, ce fut cette citation de Jim Rohn, le grand entrepreneur, auteur et coach américain :

« La qualité de votre vie est proportionnelle à la quantité d'incertitude que vous pouvez tolérer sans difficulté. »

Lorsque j'ai entendu cette citation pour la première fois, j'ai compris instantanément que notre joie et notre confiance dans l'instant présent dépendent largement de notre disposition intérieure à faire confiance à la vie. Moins nous pensons devoir absolument atteindre tel ou tel résultat ou éviter telle ou telle expérience, plus nous vivons le moment présent avec calme et sérénité. La peur surgit lorsque nous redoutons de vivre une souffrance ou une perte qui ne se produira peut-être jamais. Au lieu de me complaire dans la sécurité, j'ai pris l'habitude de vivre confortablement avec l'incertitude de ce que sera demain, de me détendre consciemment dans l'incertitude de mon avenir. Je sais que j'ai un programme et que je l'utiliserai comme carte mentale pour mes prochaines étapes de vie, mais je sais aussi que la vie a parfois d'autres desseins pour nous et que je trouverai les réponses à mes questions le moment venu. J'ai décidé d'épouser l'idée de ne pas savoir ce que je vais vivre demain.

La voix de votre part spirituelle

La peur et l'amour sont les deux pôles entre lesquels nous pouvons osciller durant toute notre existence.

Cet amour de la vie n'est rien d'autre que de la confiance. La peur et l'amour sont les deux pôles entre lesquels nous pouvons osciller durant toute notre existence. Mais nous pouvons définitivement passer de la peur à l'amour en apprenant à troquer notre désir de contrôle et d'une sécurité illusoire contre la confiance dans l'incertitude et la certitude que nous nous en sortirons toujours, quoi qu'il arrive. Lorsque vous sentez que vous penchez intérieurement vers le pôle de la peur, décidez consciemment de faire une pause et répétez l'affirmation suivante :

« Je me détends et je vis confortablement avec l'incertitude de mon avenir car je sais que tout ce qui m'arrivera sera juste et bien. »

NIVEAU 4
Empathie contre Vouloir plaire à tout le monde

Le quatrième niveau nous amène tout droit dans notre cœur, là où se trouve la source de l'amour de soi, de l'empathie et du sentiment de sécurité. Lorsque nous sommes bloqués à ce niveau et que notre cœur est fermé, nous sommes incapables d'entendre clairement la voix de notre cœur et nous nous laissons facilement déstabiliser par les critiques de l'extérieur. Plus nous ouvrirons notre cœur et développerons de l'empathie à notre égard et à l'égard des autres, plus nous nous relierons à l'énergie puissante de l'amour en nous.

Les doutes et les pensées typiques d'un blocage au niveau du cœur sont les suivants :

« J'ai peur des critiques de mon entourage si j'écoute la voix de mon cœur. »

« Que va-t-il advenir de moi si je ne peux pas gagner d'argent avec ce que j'aime faire ? »

« Ma raison et mes doutes parlent beaucoup plus fort que mon cœur. »

« J'ai peur d'être déprécié par les autres si j'écoute la voix de mon cœur. »

« Je me sens davantage responsable du bonheur des autres que de mon propre bonheur. »

Le chemin qui part de notre tête et nous mène à notre cœur est parfois le plus long à parcourir. C'est un chemin qui nous confronte à nos propres croyances, à nos attentes à notre égard et aux attentes des autres, et qui nous demande d'être à l'écoute de nous-mêmes et de notre vérité.

Je me rappelle encore très bien à quel point j'étais à la fois excitée et perplexe lorsque j'ai commencé à écrire mon blog il y a quelques années ; après avoir rédigé un article, j'avais les mains terriblement moites en cliquant sur « publier ». À l'époque, personne, dans mon entourage ou ma famille, ne s'intéressait à des sujets tels que la spiritualité ou le développement personnel, et encore moins à la méditation. J'étais assez seule avec mes idées et la vision de mon projet de vie. Certes, aucun de mes proches ni de mes amis n'a jamais critiqué directement ou déprécié mon travail, mais ils ne s'intéressaient tout simplement pas à ce que je faisais. Je sentais bien qu'ils m'observaient avancer sur la voie que j'avais choisie, qu'ils ne croyaient pas vraiment que mes projets puissent marcher un jour et qu'ils souriaient doucement de voir les débuts balbutiants de mon blog. Non pas par jalousie, mais simplement parce que cela leur paraissait insolite et très loin de leur univers.

Peut-être avez-vous remarqué vous aussi que les êtres humains ont malheureusement tendance à commencer par rejeter ce qu'ils ne connaissent pas au lieu de s'y intéresser. L'inhabituel fait peur. Ce n'est que lorsque mes amis et ma famille se sont rendu compte peu à peu que je ne me laisserais pas détourner de ma mission et que je rencontrais même une certaine réussite dans ce que je faisais, qu'ils se sont mis à me poser des questions sur mon travail. Mais il a fallu encore plusieurs années pour que leur attitude assez indifférente se transforme en intérêt véritable. Même si, dans bien des circonstances, j'aurais souhaité davantage de soutien et la présence de quelqu'un qui me comprenne, j'ai vite appris à cette époque à ne pas dépendre des opinions des autres sur mes projets et à me concentrer sur ma voix intérieure au lieu d'écouter celle d'untel ou d'unetelle. Il n'y a rien de plus terrible dans la vie que de vouloir plaire à tout le monde et ne déplaire à personne. Lorsque nous voulons faire bouger quelque chose dans notre vie et faire une vraie différence dans le monde qui nous entoure, nous ne devons pas nous laisser influencer par l'opinion des autres.

Il est d'autant plus important de vous protéger des avis et des jugements extérieurs au moment où vous sentez votre idée toute neuve mûrir en vous et votre rêve se déployer lentement. Une nouvelle idée, un rêve ou un projet ressemble, au départ, à une petite fleur fragile qui doit être préservée et qui peut facilement mourir si on ne la manipule pas avec un soin et un amour extrêmes.

La voix de votre part spirituelle

Apprenez à écouter la voix de votre cœur au lieu de prêter attention au bruit extérieur.

Il existe deux types d'individus sur cette Terre. Il y a ceux qui font et ceux qui critiquent ce que les autres font. La question à laquelle nous devons tous répondre dans notre vie est la suivante : *Qui ai-je envie d'être ?* Quelqu'un qui fait des choses ou quelqu'un qui critique ? Ai-je envie de passer mon temps à observer et à juger ce que les autres font au lieu d'écouter la voix de mon cœur et de vivre ma vérité ? Ai-je envie de dissimuler mon propre talent, ma singularité et mon cadeau au monde de peur de déplaire à quelqu'un ? Ou ai-je envie d'entrer en contact avec la véritable dimension de mon âme et de faire la différence pour mes semblables ? Ce sont les questions que nous nous posons à nous-mêmes qui, soit nous libèrent, soit nous enferment.

C'est à cette époque que j'ai pris la décision sans doute la plus importante de ma vie : celle de vouloir être créatrice de mon existence et écouter la voix de mon cœur. Même si je n'avais encore aucune idée de l'allure que mon chemin prendrait et si j'observais mon ego essayer de me dissuader de le suivre, je n'ai jamais plus douté de ma décision.

Dès l'instant où vous décidez d'écouter vraiment votre cœur, il vous montre le chemin. C'est peut-être parfois le chemin le plus solitaire, mais ce temps passé avec vous-même va vous aider à distinguer toujours plus précisément si c'est votre cœur qui vous parle ou non. À chaque pas que vous faites sur votre propre chemin, votre cœur s'ouvre davantage et vous conduit vers vous-même. Vous apprenez à ne pas tenir compte des critiques et des jugements des autres parce que vous comprenez et sentez que leurs commentaires négatifs n'ont rien à voir avec vous ni avec votre voie, mais reflètent uniquement leurs peurs et leurs doutes. À travers l'ouverture de votre cœur vous allez éprouver, non pas de la peur ou des doutes sur vous-même, mais de l'empathie à votre égard et envers les autres. L'empathie est la faculté du cœur de voir, derrière la souffrance de notre prochain, la lumière qui s'y cache et attend de pouvoir briller en lui.

Dès l'instant où vous décidez de suivre vos idées et votre propre vision de la vie, vous devenez un miroir pour toutes les personnes de votre entourage qui ont enterré leurs rêves depuis longtemps. À travers votre force créatrice, vous leur rappelez qu'à un moment de leur vie elles ont cessé d'écouter leur cœur et de croire en leurs rêves. À travers vous, elles perçoivent les limites qu'elles se sont fixées dans leur existence. Vous ne pouvez pas faire le travail à leur place pour leur permettre de se percevoir à nouveau dans toute leur force, mais vous pouvez vous rendre compte que leur regard et leur jugement sur votre chemin ne parlent en vérité que du leur. La seule personne qui doit croire en vous et en vos rêves, c'est vous-même. Vous devez ouvrir votre cœur et prendre vous-même la décision d'écouter sa vérité à lui. Rien que sa vérité.

Il n'existe pas de bonne ou de mauvaise manière de vous créer la vie à laquelle vous aspirez tant que vous restez fidèle à vous-même. Peu importe que vous vouliez construire un gigantesque empire sur Internet, militer en faveur de la nature aux côtés de Greenpeace, être éducateur spécialisé ou créer un potager. La seule chose qui compte, c'est que vous y trouviez votre joie et votre épanouissement et puissiez contribuer à apporter un peu plus d'amour et de chaleur dans ce monde. Faites confiance à votre cœur et à vos capacités, car ils ne dépendent absolument pas de ce que les autres pensent de vous ou de votre chemin. Renforcez la connexion à votre cœur, car sa force va vous procurer une aide sans faille pour faire la différence sur cette Terre à travers qui vous êtes et la mission que vous portez. Votre cœur vous reliera toujours à la force de l'amour située au-delà de votre ego et de vos peurs. C'est la forme de l'amour qui, parce qu'elle vous dépasse et vous relie à vos semblables et à cette planète sur un plan bien supérieur, va libérer en vous des forces insoupçonnées. Votre cœur va vous aider à vous considérer avec un regard plein d'empathie et à vous débarrasser de votre peur de mal faire ou d'échouer face aux difficultés.

La voie la plus directe pour accéder à votre cœur est la méditation. Méditer vous ouvre le monde de votre cœur. Car ce qui vous a empêché de pouvoir l'écouter jusqu'à présent, ce sont uniquement vos pensées. Le bruit continuel du déferlement quotidien des pensées dans notre tête nous rend sourds à la voix de notre cœur, formant comme un rideau devant lui. Grâce à la méditation, vous vous rendez compte que vous êtes infiniment plus que vos seules pensées. Vous allez comprendre à un niveau plus profond que vous êtes la conscience bienveillante illimitée capable de percevoir les pensées, mais que vous n'êtes pas vos pensées. Lorsque le rideau va se lever, vous allez sentir la force de l'amour et du sentiment de sécurité dans votre cœur, et vous rappeler que vous n'avez rien à craindre. Vous allez vous mouvoir dans un champ d'amour et de bonté qui va vous porter et vous aider à surmonter toutes vos difficultés.

Exercice de la part spirituelle (étape 1)

Reposez-vous au centre de votre cœur

Pour réaliser cet exercice, fermez les yeux et concentrez votre attention sur votre univers intérieur en dirigeant tous vos sens vers l'intérieur. Percevez ce qui se passe dans votre corps et, à cet instant, autorisez-vous à tout lâcher, à vous abandonner et à détendre votre corps. Relâchez votre tête, vos épaules, votre dos, votre poitrine, vos bras et vos mains, votre ventre, vos jambes et vos pieds.

Inspirez et expirez plusieurs fois, dans un relâchement total. Puis observez les pensées qui vous traversent l'esprit sans vous laisser emporter par elles. Percevez simplement qu'elles surgissent dans votre tête, y restent un moment en surface, et repartent. Vous allez également remarquer qu'il existe une petite pause entre deux pensées, comme un petit vide, un interstice, une brèche. Concentrez-vous sur cet intervalle vide. Peut-être pouvez-vous l'agrandir consciemment. Imaginez que vous pénétrez dans cet interstice comme s'il s'agissait d'une porte donnant sur un nouvel espace. Vous vous trouvez alors dans cet espace neuf, celui des potentialités infinies. Devant vous, vous voyez pendre un gigantesque rideau maintenu au plafond dont le tissu, scintillant, est superbe. Mais il vous empêche de voir tout ce que contient cet espace. Alors demandez à pouvoir vous relier à votre cœur et, à l'instant où vous faites cette demande, voyez le rideau se soulever devant vous.

Derrière lui vous attend l'espace de l'amour infini et inconditionnel. Cet espace est inondé d'une chaude lumière d'or blanc, et il est si vaste que vous n'en voyez pas la fin. Entrez dans cet espace et laissez l'énergie de l'amour se relier à vous et vous traverser. Imaginez que cette énergie curative dissout maintenant tous les blocages que vous avez accumulés, toutes les barrières que vous avez construites autour de votre cœur, et vous reconnecte totalement à votre essence. Sentez la force circuler dans votre corps, cette force qui vous laisse entrevoir tous les possibles et vous relie à une sagesse intérieure profonde. Restez dans cette connexion aussi longtemps que vous le souhaitez pour vous charger de l'énergie de votre cœur. Sentez comme vous êtes relié à votre vérité supérieure et aux possibilités qui s'ouvrent à vous si vous agissez en puisant à fond dans cette énergie.

Lorsque vous êtes prêt, inspirez et expirez profondément une nouvelle fois, puis revenez à l'ici et maintenant.

Pour vous relier quotidiennement à cette énergie et à la voix de votre cœur, répétez l'affirmation suivante :

« Je suis relié à l'amour infini de mon cœur à tout instant, et pour toujours. »

NIVEAU 5
Vérité contre Masque

Les défis à relever au cinquième niveau résultent naturellement des quatre niveaux précédents. Nous arrivons désormais à un stade où nous sommes prêts à nous lancer après avoir créé en nous un espace bienveillant et avoir pris conscience de notre potentiel unique.

Au cinquième niveau, nous sommes mis au défi de laisser complètement tomber notre masque et de dire notre vérité. À ce niveau, nous sentons que nous ne pouvons plus continuer à faire ce que nous avons toujours fait et qu'il est impossible de faire marche arrière. Nous prenons conscience que les étapes que nous avons déjà franchies sur le chemin de notre développement personnel ne peuvent pas être annulées et que l'appel intérieur à partager notre propre lumière avec le monde ne peut plus être ignoré. Une fois que nous avons poussé la porte intérieure du développement personnel et de l'évolution spirituelle, nous ne voudrons plus jamais revenir à une vie où nous nous sommes sentis petits, insignifiants ou limités. Soudain, nous nous voyons nous-mêmes et considérons les possibilités extraordinaires de la vie avec un autre regard, et nous ne sommes plus victimes des petits jeux de l'ego qui nous enferment. C'est le moment où nous comprenons qu'il est temps de nous montrer au monde tels que nous sommes et sans notre masque.

Les doutes et les pensées typiques d'un blocage au cinquième niveau sont les suivants :

« J'ai peur de ne pas trouver les mots justes. »
« Je dois faire bonne figure. »
« Je me sens si vulnérable lorsque je me lance dans ce que j'aime. »
« Que va-t-il se passer si personne ne s'intéresse à ce que je dis ou à ce que je fais ? »
« Je suis gêné de faire de la pub pour mon travail, de me vendre. »
« Je me sens débordé par tout ce que je perçois à l'intérieur de moi. »

J'ai cinq frères et sœur et je suis au milieu. Très tôt dans ma vie, j'ai donc eu beaucoup de mal à trouver ma propre voix et à apprendre à défendre ma propre cause. Je me rappelle très bien nos dîners tous ensemble à la maison : nous étions six enfants assis autour de la table, et chacun d'entre nous essayait de monopoliser l'attention en développant sa propre stratégie. Mon frère aîné était très drôle lorsqu'il racontait quelque chose, ma sœur aînée toujours sage et réfléchie, ma petite sœur généralement débordante d'énergie et mon petit frère sage et réfléchi, comme ma sœur aînée. Naturellement, il y avait aussi beaucoup de disputes et l'atmosphère était parfois très tendue. La petite fille hypersensible que j'étais avait souvent un mal fou à supporter tout cela. Je ne me sentais pas à ma place, je ne savais pas comment m'imposer auprès de mes frères et sœurs ni comment me défendre. Les querelles, les conflits et les énergies négatives déclenchaient en moi un stress terrible de sorte que j'ai fini par opter pour la stratégie suivante : ne plus ouvrir la bouche. Je me mettais à table et j'écoutais, mais je parlais très rarement. J'ai pris l'habitude de me retirer en moi-même, de rentrer dans ma coquille où je me sentais en sécurité.

À l'époque, je ne me suis pas aperçue que ce comportement m'amenait à perdre le courage de parler devant les autres et de me faire remarquer. Je ne participais presque plus en classe et, au lieu de déclencher des conflits, je me taisais, faisant comme si tout cela ne me faisait rien, alors qu'intérieurement j'avais du mal à supporter la peur du rejet et des conflits. Je me suis enfermée de plus en plus dans ma coquille protectrice et me suis mise à porter une sorte de masque derrière lequel je ne me sentais plus menacée. Je me suis persuadée du fait que, de toute façon, personne ne m'écoutait et que je n'avais rien d'important à dire. Cette conviction est devenue pour moi comme un mantra intérieur qui, un jour, a fini par se transformer en solide conviction intérieure. Ce n'est que lorsque j'ai commencé à suivre mon propre chemin spirituel vers l'âge de 25 ans que j'ai senti à quel point j'avais bloqué mon énergie créatrice pendant près de vingt ans en adoptant cette attitude. Soudain, j'ai pu me rendre compte combien ce masque m'avait empêchée de respirer et, d'année en année, m'avait éloignée de ma véritable essence. Je n'avais même plus conscience que j'agissais tout le temps par peur et non par amour, m'éloignant toujours plus de ma propre lumière.

L'une de mes plus grandes transformations intérieures fut de retrouver ma propre voix, de défendre ma vérité et d'arrêter de me taire sous prétexte que je redoutais les conflits ou les confrontations. Ce fut un processus de plusieurs années au cours duquel j'appris consciemment à déposer mon masque et à faire entendre ma voix un peu plus chaque jour. Ne plus vouloir plaire à tout le monde, mais vouloir faire une différence dans ce monde, au risque d'être rejetée par les autres, voilà qui fut pour moi un énorme changement. Dès l'instant où vous décidez de vivre selon votre cœur et non plus selon le désir de votre ego de vouloir toujours être aimé et de satisfaire tout le monde, vous libérez votre âme.

Tout ce dont je me suis sortie, tout ce que j'ai réussi à atteindre aujourd'hui n'aurait jamais été possible si, un jour, je n'avais pas décidé de retrouver ma vraie voix et de me relier à la vérité profonde qui tentait de s'exprimer à travers moi. Au début, cela me faisait très peur et j'ignorais totalement comment je devais m'exprimer, mais la vérité trouve toujours les bons mots. C'est uniquement notre ego qui redoute d'être rejeté ou exclu si nous nous engageons à fond dans quelque chose qui n'est peut-être pas en accord avec la vérité de ce que la plupart des gens vivent ou acceptent.

La voix de votre part spirituelle

Toute action par amour vous relie directement à votre part divine. À chaque acte bienveillant, vous transformez le monde pour le meilleur.

Dire sa propre vérité signifie se montrer sous son vrai jour. Il s'agit d'ôter son masque et de faire apparaître non seulement sa lumière, mais aussi ses peurs, et de ne plus se cacher. C'est l'acceptation pleinement vécue de qui vous êtes et de votre multiplicité, et l'expression de votre unicité. Vivre et dire votre vérité, avec toutes les facettes qu'elle comporte, effraie votre ego parce que cette démarche crée une connexion aux autres à un niveau plus profond, un lien qui ne peut s'établir que si vous osez vous montrer vulnérable et sincère. Cela signifie vous accepter avec toutes vos ombres, vos peurs, vos doutes, mais aussi toutes vos forces, votre amour et votre joie, et ne plus essayer d'être quelqu'un que vous n'êtes pas en réalité.

Faites partie des êtres humains qui décident de porter le message de l'amour aux quatre coins du monde et d'utiliser consciemment leur force créatrice pour façonner un monde meilleur et plus pacifique. Les chemins pour y parvenir sont infinis. Vous pouvez transmettre ce message en tant qu'artiste, enseignant, auteur, parent, entrepreneur, médecin, ami, et sous toute autre forme. Tout ce qu'il vous faut, c'est avoir le courage d'ouvrir votre propre cœur et de créer de la vie au nom de ce message.

Toute action par amour vous relie directement à votre part divine et, à chaque acte bienveillant, vous transformez le monde pour le meilleur. Vous possédez une voix qui veut être entendue et ce que vous avez à dire est important. À partir du moment où vous naissez, vous avez le droit de vous exprimer à votre manière. Bien sûr, il est tout à fait normal que vous ayez peur. Cette peur signifie simplement que vous êtes sur le point d'entreprendre quelque chose de très courageux et vous constaterez que votre vérité attirera bientôt tous ceux qui sont prêts à vous entendre.

Exercice de la part spirituelle
Récupérez votre droit à la parole

Lorsque nous sommes petits, nous ne nous posons pas la question de savoir si nous avons quelque chose à dire ou pas. Nous racontons des histoires à tort et à travers et tentons d'attirer l'attention par tous les moyens. Puis vient le jour où nous faisons pour la première fois l'expérience de ne pas être entendus, voire d'être jugés ou critiqués pour ce que nous avons dit, et nous ne remarquons même pas que nous troquons de plus en plus notre propre opinion contre une vérité prétendument universelle.

Avec cet exercice, vous allez récupérer votre voix et votre pouvoir. Alors trouvez un endroit tranquille où vous ne serez pas dérangé et fermez les yeux. Autorisez-vous à vous détendre et à arriver dans l'ici et maintenant. Inspirez et expirez à fond. Puis imaginez que vous êtes sur une grande scène et que, devant vous, sont assis tous les gens auxquels vous avez, un jour ou l'autre, cédé votre pouvoir. Regardez calmement tous ces visages. Certains vous sont familiers, tandis que d'autres ne vous évoquent plus rien. Aujourd'hui, peu importe ce qui s'est exactement passé avec ces personnes et pourquoi vous leur avez cédé votre pouvoir. Voyez simplement qu'elles ont entre les mains votre force créatrice et votre pouvoir et qu'il est maintenant grand temps qu'elles vous les rendent. Imaginez-vous debout, bien droit, sur la scène, en train de les dévisager et de leur dire d'une voix claire : « À l'époque, je vous ai abandonné ma force créatrice et mon pouvoir parce que j'avais peur de ne pas être aimé ou d'être blessé par votre rejet. Je vous pardonne et je me pardonne de ne pas avoir agi par amour, mais par peur. Désormais, je vais utiliser ma voix pour parler dans l'amour et défendre la vérité de mon cœur. »

Réappropriez-vous votre force créatrice et votre pouvoir en les sentant revenir vers vous et circuler de nouveau dans votre corps sous la forme d'une magnifique lumière d'or blanc qui vous permet de retrouver votre complétude. Sentez vos pieds solidement ancrés au sol et la puissance qui envahit tout votre être. Inspirez et expirez à fond. Et, quand vous êtes prêt, rouvrez les yeux et revenez dans l'ici et maintenant.

À partir de maintenant, agissez avec une intention d'amour. Imaginez que vous êtes entouré d'amour et que son énergie circule à travers vous. Laissez-vous guider par cet amour. Acceptez désormais de ne plus vouloir vous créer une vie avec l'énergie de la peur, mais de vouloir au contraire vous relier à la force naturelle de l'amour, et de ne plus vouloir suivre un chemin qui n'est pas le bon pour vous. Le monde a mérité votre lumière et votre amour.

Je défends ma vérité et je parle avec la voix de mon cœur. Ce que j'ai à dire mérite d'être écouté.

NIVEAU 6
Guide intérieur contre Raison

La plus belle des expériences que nous puissions faire dans notre évolution spirituelle est de nous relier profondément à notre guide intérieur, à notre intuition, à la voix divine en nous. Chaque être humain possède ce lien. Nous sommes des êtres spirituels et connectés en permanence à la voix divine. Nous avons simplement oublié de l'écouter, d'abord parce que nous sommes constamment absorbés par des impressions venues de l'extérieur, ensuite parce que nous accordons beaucoup trop d'attention à notre raison. Plus nous nous ouvrons à l'idée que la vie nous réserve peut-être bien plus que ce que nous avons attendu jusqu'à présent et lui laissons la possibilité de nous surprendre, plus nous nous reconnectons à notre guide intérieur et à notre intuition. Outre celle de la raison, une autre voix nous guide soudain.

Les doutes et les pensées typiques d'un blocage au sixième niveau sont les suivants :

« J'ignore comment faire pour écouter mon intuition. »

« Je ne suis pas sûr que ce soit vraiment mon intuition qui me parle... »

« Comment savoir si je peux me fier à mon intuition ? »

« Ma raison me dit autre chose que mon intuition. Laquelle des deux dois-je croire ? »

« Ce que mon intuition me dit me fait peur parce que l'écouter impliquerait de ma part une grande transformation intérieure. »

Il y a trois ans, j'ai eu la joie immense de travailler avec une cliente très inspirante que je coachais et qui, encore aujourd'hui, reste l'une des personnes à laquelle je repense le plus volontiers lorsque je sens que je dois suivre mes propres rêves et mon intuition. Depuis des années, Bettina aspirait à être fleuriste et je n'avais encore jamais rencontré quelqu'un d'aussi animé par la passion et l'amour des fleurs que cette jeune femme. Lorsque nous avons commencé notre coaching, Bettina avait un bon job de chef de produit dans une enseigne de mode et n'avait strictement aucune expérience du métier de fleuriste et du maniement des fleurs, hormis dans sa vie personnelle où tout était focalisé sur les bouquets floraux. Comme vous pouvez l'imaginer, elle entendait une voix très rationnelle dans sa tête qui lui disait qu'elle était loin, très loin de la concrétisation de son rêve. Comment pouvait-il en être autrement? Comment pouvait-elle gagner sa vie avec les fleurs? Qui accepterait de l'embaucher? Mais de l'autre côté, il y avait sa joie et son amour des fleurs, bien ancré, qui refusait tout simplement qu'elle se contente d'exercer toute sa vie un métier qui ne la mettait pas en contact avec son véritable potentiel et son cadeau à offrir au monde.

Après que Bettina m'eut raconté son rêve de devenir fleuriste, une idée qu'elle jugeait totalement absurde et qu'elle ne devait même pas, selon elle, prendre au sérieux, nous avons développé ensemble un *programme intuitif* qui allait lui permettre de concrétiser son rêve en deux ans malgré les nombreuses objections rationnelles qu'elle se faisait à elle-même et que son entourage lui rétorquait.

Un programme intuitif est un programme qui puise son inspiration dans votre propre génie créateur et votre intuition. Le problème avec les programmes fondés uniquement sur la raison, c'est qu'ils reposent exclusivement sur vos expériences passées et ce que vous jugez possible. En général, votre raison ne vous montre que les chemins que vous avez déjà pris, des chemins balisés que vous connaissez par cœur ou que vous avez vus chez les autres. Autrement dit, vous utilisez toujours des informations anciennes. Alors que l'énergie créatrice à l'intérieur de vous, celle qui vous montre des routes et des possibilités entièrement neuves, n'a rien à voir avec votre raison. C'est votre conscience illimitée qui vous permet des sauts quantiques. Lorsque vous vous reliez en toute conscience avec votre génie créateur, vous vous ouvrez des possibilités insoupçonnées et voyez apparaître devant votre regard intérieur des chemins que votre raison n'aurait jamais pu imaginer. La seule chose à faire pour y parvenir est d'admettre que vous n'avez absolument aucune idée de ce qui est possible et de ce qui ne l'est pas. C'est comme imaginer que vous vivez aujourd'hui votre premier jour sur Terre et que personne ne vous a encore jamais dit qu'il y a des choses que vous n'êtes pas capable de faire ou que vous ne connaissez pas. Vous êtes totalement libre dans vos possibilités, votre esprit et votre force créatrice. Si, en adoptant ce point de vue, vous posez les bonnes questions à votre intuition, vous allez être étonné des réponses et des idées qui vont soudain vous traverser.

Durant nos séances de coaching, Bettina a appris à se relier toujours plus efficacement à son intuition et à donner à son rêve l'espace nécessaire pour se déployer. Son intuition lui disait clairement qu'elle devait suivre son rêve et sa joie intérieure et que des opportunités allaient se présenter si elle commençait à faire les premiers pas en direction de l'accomplissement de son vœu le plus cher. Elle est passée à un temps partiel dans son boulot et, pendant six mois, a suivi un stage dans un petit magasin de fleurs situé non loin de chez elle qu'elle avait repéré depuis longtemps. Au bout des six mois, elle était encore plus déterminée à vouloir travailler avec les fleurs et créer les plus beaux bouquets à offrir. Le hasard a voulu que, peu de temps après, elle tombe sur une annonce publiée par une société de vente de fleurs sur Internet qui proposait un atelier d'art floral. Après avoir un peu hésité, puis finalement décidé, là encore, d'écouter son intuition, Bettina s'est inscrite à l'atelier, y a participé et a tellement enthousiasmé l'animatrice, tant par sa passion que son talent, qu'elle a été embauchée dans l'entreprise et conçoit aujourd'hui de nouveaux bouquets. Je remercie la vie de m'avoir permis d'accompagner Bettina tout au long de la réalisation de son projet et de pouvoir vous raconter aujourd'hui son histoire qui montre que le meilleur moyen d'avancer vers ses rêves est simplement de faire le premier pas et d'apprendre à écouter cette voix, certes ténue, mais tenace, qui vous montre le chemin.

La voix de votre part spirituelle

Ce n'est souvent que le premier pas qui réclame le plus grand courage. Une fois que vous êtes en route, votre chemin s'ouvre de lui-même au fur et à mesure que vous avancez.

En général, nous avons peur de nos rêves parce que nous embrassons d'un seul regard tout le chemin à parcourir et ne savons pas trop comment nous y prendre au début. Pourtant, ce n'est souvent que le premier pas qui réclame le plus grand courage. Lorsque nous avons fait ce premier pas, les pas suivants s'enchaînent comme par magie et, avec le recul, nous nous disons que nous avons assez bien déjoué les tentatives de notre raison de nous empêcher de suivre ce chemin. Bien sûr que le chemin sera parsemé d'embûches, mais l'obstacle principal n'est en vérité que la difficulté à se mettre en route. Votre guide intérieur le sait. Il va vous envoyer sans cesse des signes, des rêves, des idées et des solutions pour vous accompagner dans votre projet de vie. Votre intuition est votre connexion directe à la voix divine en vous, et elle va vous guider avec bienveillance si vous acceptez de l'écouter.

Exercice de la part spirituelle

Reliez-vous à votre intuition

En yoga, on parle aussi de « troisième œil » pour désigner l'intuition. Tandis que nous percevons le monde physique à l'aide de nos organes de la vue – nos yeux –, nous pouvons nous relier au monde subtil, spirituel et intuitif, à l'aide de notre troisième œil. Votre intuition est le réceptacle de votre connexion à l'énergie divine, à l'Univers ou à l'énergie créatrice universelle – à vous de lui donner le nom que vous souhaitez. Votre troisième œil est situé entre vos sourcils et relié à votre épiphyse, voie d'accès aux plans plus subtils.

Pour vous relier à votre troisième œil et à votre intuition, fermez les yeux et dirigez votre regard en haut, vers vos sourcils, comme si vous tentiez de les apercevoir. Imaginez un cercle de lumière couleur d'or blanc apparaître entre vos sourcils. Concentrez-vous sur cette lumière en réalisant plusieurs cycles respiratoires. Puis imaginez que cette lumière vous met en communication directe avec l'énergie divine. Une énergie au-delà de l'espace et du temps, et au sein de laquelle n'existent que des possibilités illimitées. Prenez conscience des images, des mots et des idées qui surgissent en vous. Vous pouvez en profiter pour poser les questions auxquelles vous attendez une réponse, ou simplement pour percevoir, le plus consciemment possible, ce qui vous apparaît.

Les questions ouvertes que vous pouvez poser pour activer votre part spirituelle et votre intuition sont, par exemple :

« Pour quelle raison suis-je ici ? »

« Qui suis-je ? »

« Qu'est-ce qui pourrait m'apporter la plus grande paix intérieure ? »

« Quelle est la plus haute version de moi-même que je puisse vivre ? »

« Qu'est-ce qui voudrait se déployer dans le monde à travers moi ? »

« Quelle est pour moi la prochaine étape importante ? »

Au bout de quelques minutes, revenez dans l'ici et maintenant, rouvrez les yeux et, sans attendre, prenez une feuille de papier et un crayon pour noter par écrit ce que vous souffle votre intuition.

Exercice de la part spirituelle

Activez votre intuition au quotidien

Un exercice merveilleux pour vous relier systématiquement à votre intuition au quotidien consiste à noter les plus grandes questions que se pose votre cœur sur une feuille de papier le soir avant d'aller vous coucher et de la reprendre le lendemain matin, dès le réveil, pour écrire les réponses de votre intuition. Vous serez étonné de voir apparaître soudain tant de réponses sur votre bout de papier.

Personnellement, c'est en me plongeant dans un état de reconnaissance profonde que j'accède le plus facilement à mon intuition. Je porte alors toute mon attention vers mon cœur en me concentrant sur l'abondance et l'amour qui remplissent ma vie, et je laisse mon cœur se remplir de gratitude. Puis, dans cet état de paix profonde, je pose ma question à mon intuition en étant déjà remplie de reconnaissance à l'égard de mon guide intérieur, certaine de le voir me donner les bonnes réponses au bon moment. Je sais d'expérience que cette gratitude profonde et sincère ouvre le canal de mon guide intérieur et m'a permis d'obtenir des réponses qui m'ont aidée ensuite à prendre les décisions les plus importantes de ma vie.

L'ensemble de votre vie est une succession de signes et de réponses aux questions que vous envoyez. Gardez les yeux ouverts pour percevoir ces signes présents à chaque instant. L'intuition vous parle de multiples façons, dans vos rêves, dans vos images intérieures et dans les choses qui apparaissent soudain dans votre champ de vision. Prêtez-y attention, de même qu'aux flashs, aux inspirations soudaines ou aux éclairs de génie qui se manifestent dans votre existence ; surtout, ne les considérez pas comme de simples divagations de l'esprit et ne les rejetez pas. Au contraire, donnez-leur toute leur place, car c'est l'une des nombreuses formes que prend votre intuition pour entrer en contact avec vous. Avec courage et curiosité, commencez à dire oui aux possibilités que la vie vous envoie, même si cela vous paraît peut-être complètement absurde pour le moment du point de vue rationnel. Faites confiance à votre guide intérieur, suivez ce que vous aimez et qui vous met en joie. Apprenez à utiliser consciemment votre raison pour planifier la réalisation de vos rêves, mais ne lui donnez pas le pouvoir décisionnel.

« Je donne quartier libre à l'énergie divine pour se manifester à travers moi. »

NIVEAU 7
Abondance contre Manque

Le septième niveau est le plus difficile pour notre part rationnelle. Pourquoi ? Parce qu'il touche en nous un savoir qui va bien au-delà de la raison. C'est le niveau sur lequel il nous est demandé de renoncer à notre idée de la séparation et du manque et de reconnaître que nous sommes nous-mêmes l'Univers en mouvement extatique. C'est le niveau sur lequel nous pouvons renoncer à nos pensées sclérosantes, à notre conscience du manque et à l'image que nous avons de nous-mêmes pour entrer en relation avec l'abondance de l'Univers.

Les doutes et les pensées typiques d'un blocage au septième niveau sont les suivants :

« J'ai peur de laisser briller totalement ma lumière. »

« J'ai des inhibitions qui m'empêchent de penser les choses en grand. »

« Comment l'Univers peut-il être synonyme d'abondance alors qu'il existe manifestement tant de manques ? »

« Ai-je vraiment la possibilité et le droit d'être comblé dans tous les domaines de ma vie ? »

« Je n'arrive pas à m'imaginer faire partie, moi aussi, de cette énergie divine/universelle. »

« Ne suis-je pas présomptueux en me considérant comme une partie du grand Tout ? »

Si vous voulez dissoudre tous vos doutes et vos peurs à ce niveau et pouvoir utiliser librement votre force créatrice, vous devez absolument renoncer à la conviction suivante : à savoir que Dieu est quelque chose d'extérieur à vous. Dieu n'est pas cet homme à la barbe blanche, assis sur un nuage dans le ciel, et qui vous juge. Cette représentation a été inventée par des individus qui ont exploité la peur de Dieu au service de leur propre pouvoir. Dieu ou l'amour, c'est la même chose. Dieu est dans tout. Il n'existe rien où Dieu n'est pas.

Pour vous considérer à nouveau comme faisant partie de l'énergie divine, vous devez comprendre que Dieu existe indépendamment de la religion ou des dogmes. Je n'appartiens à aucune religion et je crois dur comme fer qu'il existe une force bien au-delà de notre raison. Une force qui fait battre votre cœur, qui actionne vos poumons, qui fait bouger les planètes et qui est plus intelligente que tout ce que nous pouvons imaginer. Nous, les êtres humains, assimilons cette force à Dieu depuis la nuit des temps. Nous pourrions aussi bien l'appeler Univers, Amour, Énergie ou Intelligence. Ce ne sont que des noms, des tentatives pour donner un cadre à l'indicible parce qu'il nous est impossible de saisir par l'entendement ce qui est infini.

Dans une interview, j'ai demandé à Neale Donald Walsch, l'un de mes maîtres, qui est Dieu, selon lui. Il m'a répondu : « Demande-moi plutôt ce que Dieu n'est pas. La réponse serait plus courte. » Il n'y a rien que Dieu ne soit pas, y compris vous. Dieu n'est pas extérieur à vous. Le divin vous apparaît à vous comme à tout ce qui existe.

Récemment, mon ami et moi sommes allés à vélo chez le glacier du quartier, un gars sympa que nous connaissons bien. Pendant que Paul nous servait, j'ai regardé autour de moi et aperçu un vieil homme qui avait l'air un peu paumé. Je lui donnais environ 80 ans. Il portait plusieurs vestes épaisses les unes sur les autres, comme si c'était tout ce qu'il possédait. Il était assis à l'une des tables dehors et buvait, tout heureux, un chocolat chaud. Dans l'un de ses bras, il tenait fermement contre lui un ours en peluche blanc qui portait, lui aussi, un petit chandail. Cette image m'a tellement émue que je lui ai souri. C'est alors qu'il m'a montré sa peluche et m'a saluée en faisant bouger l'une de ses pattes. Je lui ai demandé comment s'appelait son petit ours et il m'a répondu d'un air rayonnant, la bouche édentée : « C'est Tolérance. Il est toujours avec moi, il prend soin de moi et je prends soin de lui. » J'ai essayé de réprimer les larmes qui me montaient aux yeux et lui ai rendu son sourire. « C'est magnifique ! Nous devrions tous avoir un ours comme lui avec nous. » Il m'a saluée de nouveau avec son petit compagnon et je lui ai souhaité bonne chance.

Le soir, dans mon lit, je n'ai pas pu m'empêcher de repenser à ma rencontre avec ce vieil homme et son ours en peluche Tolérance. Dieu surgit sous toutes les formes possibles, dans une rencontre, un instant, un individu. Chaque jour, nous sommes entourés de messages qui nous rappellent d'ouvrir notre cœur et d'être bienveillants les uns envers les autres. Parfois, ce sont justement ceux que nous jugeons bizarres, insensés ou complètement loufoques qui ont les messages les plus importants à nous délivrer. Ceux qui sont restés des enfants, ont gardé leur cœur grand ouvert et nous rappellent que chaque personne, chaque âme, chaque créature vivante occupe une place majeure sur cette Terre, et que l'amour se trouve partout, à chaque instant. Cet amour est Dieu. Le divin ne juge pas parce qu'il constitue tout ce qui existe ; en vérité, rien n'existe en dehors de Dieu.

La voix de votre part spirituelle

Ouvrez-vous à l'abondance des possibilités que l'Univers met à votre disposition.

Notre vie nous a été donnée pour que nous trouvions notre expression individuelle dans cette énergie divine. Chaque objectif que vous vous fixez, chaque rêve que vous voulez concrétiser est au service de votre évolution et vous invite à vous rapprocher, chaque jour un peu plus, de votre essence véritable. Plus vos objectifs sont ambitieux et plus vos rêves vous paraissent « irréalistes », mieux c'est. Pourquoi ? Parce qu'ils vont œuvrer à abolir ce que vous vous représentez comme possible ou impossible en vous encourageant à créer, à travers votre évolution intérieure, une nouvelle réalité qui se manifeste aussi à l'extérieur. Le manque existe dans ce monde parce que nous avons choisi de le créer. C'est nous qui avons créé le manque par l'illusion qu'il nous manquera toujours quelque chose – que ce soit l'amour, la sécurité ou la richesse matérielle. Alors à nous, maintenant, de transformer ce manque en abondance. Et cette mutation n'est possible que si nous transformons notre conscience et comprenons que c'est notre ego qui est à l'origine de ce manque.

L'Univers est un lieu d'abondance. Il y a suffisamment de nourriture pour tout le monde, suffisamment de place pour l'ensemble des êtres vivants. Simplement, cette abondance n'est pas répartie comme il faut parce que notre peur et la conscience que nous sommes séparés les uns des autres – dominante jusque-là – nous conduit à créer le manque, à exploiter la nature au lieu de vivre en accord avec elle et à utiliser notre intelligence pour fabriquer des armes nucléaires au lieu d'inviter les êtres humains à méditer et à trouver leur propre force en eux. La séparation se fonde sur l'illusion de la peur. C'est comme si le nuage se disait qu'il n'est pas fait de la même matière que l'océan sous prétexte que l'eau qu'il contient se présente sous une autre forme. Alors que le nuage résulte simplement d'une condensation de l'eau qui s'élève dans l'atmosphère et, un jour ou l'autre, retournera à la mer sous forme de pluie. C'est exactement la même chose pour nous. Nous sommes tous issus de la même source et de la même énergie, mais nous possédons notre forme individuelle. Et c'est cette forme individuelle qui laisse croire à l'ego que nous sommes séparés les uns des autres. Alors que nous avons toujours été, sommes et serons toujours

Un. Nous nous trouvons aujourd'hui face à l'un des plus grands tournants de l'histoire de l'humanité. Chacun d'entre nous peut faire de nouveaux choix. Nous pouvons décider de ne plus vivre dans une compréhension réduite de notre force intérieure et choisir d'être une nouvelle version de nous-mêmes, celle qui est l'expression de l'amour et non plus de la peur. C'est à vous de décider de trouver une paix profonde à l'intérieur de vous et de la partager avec le monde, même si une grande partie de l'humanité continue de se comporter comment avant. C'est à l'échelle de chacun d'entre nous que les transformations peuvent voir le jour.

La question demeure : Qu'est-ce qui doit s'exprimer à travers vous ? Qu'est-ce qui doit se manifester dans le monde à travers l'être unique que vous êtes ? Faites confiance à la force créatrice infinie que vous portez et qui se révèle à vous dès l'instant où vous vous engagez à défendre un objectif supérieur et à dépasser vos barrières mentales existantes.

Cette transformation intérieure peut être joliment illustrée par la fleur de lotus. Cette fleur pousse dans la vase et émerge progressivement de l'obscurité de l'eau pour apparaître un jour à la surface où elle ouvre ses pétales blancs et rayonne de toute sa beauté. La fleur de lotus ne se pose pas la question de savoir si elle peut resplendir dans toute sa magnificence après être née de la vase. Elle sait que c'est justement cette vase qui lui a permis d'éclore. Cela vaut aussi pour nous. Tous nos obstacles, nos difficultés et nos représentations mentales réductrices ne nous laissent voir que l'obscurité jusqu'au moment où nous sortons la tête de l'eau pour rayonner. La fleur de lotus ne se demande pas si elle a le droit de rayonner dans toute sa splendeur, elle s'ouvre dans sa beauté unique parce que c'est sa nature, tout simplement. Il n'existe rien sur Terre qui ne soit dépourvu de cette même étincelle divine, l'étincelle capable de tout illuminer.

L'énergie qui fait rayonner la fleur de lotus est identique à celle que vous pouvez activer à l'intérieur de vous. C'est votre vocation et votre nature de rayonner dans le monde, de fleurir, de vous épanouir. Ouvrez-vous à l'abondance des possibilités que l'Univers met à votre disposition. Il n'y a pas de rêves trop grands ni d'objectifs trop ambitieux. Ce sont les pensées et les convictions des hommes qui, en refusant de se faire confiance intérieurement et de rêver plus haut, ont posé ces limites.

Exercice de la part spirituelle

Vivre la plénitude

Imaginez que, demain, c'est votre anniversaire, et que vous avez invité vos proches et vos amis à un grand repas. Vous allez probablement faire une longue liste de courses, acheter des boissons variées et tout préparer avec beaucoup d'amour et de joie anticipée pour faire de ce jour un moment inoubliable avec tous ceux que vous aimez. Allez-vous douter de la venue de vos invités ? Allez-vous vous demander si vous faites bien d'acheter de quoi boire et manger ? Si cela a du sens ? Allez-vous douter de la réussite de cette soirée ? Non, bien sûr que non. C'est votre anniversaire et vous savez que tout le monde va venir et passer un bon moment. C'est justement cette attitude intérieure qui fait de vous un être comblé. C'est votre confiance profonde, votre certitude que tout ce que vous planifiez ou souhaitez pour votre anniversaire est déjà là depuis longtemps sur un plan énergétique et que vos préparatifs ne sont que l'étape logique pour concrétiser votre futur. Résultat : dès aujourd'hui, dans l'ici et maintenant, vous êtes rempli de joie et de gratitude parce que vous savez que vous pouvez savourer le chemin. Vous pouvez compter sur un Univers qui est pure expression de l'abondance et vous faire confiance pour participer à cette abondance.

Nous n'attirons pas dans la vie ce que nous voulons, mais ce qui est en accord avec ce que nous sommes. Lorsque vous êtes dans un état intérieur de gratitude, d'abondance, de joie, de légèreté et de simplicité, vous allez manifester tout cela dans votre vie. En revanche, si vous êtes dans le manque et croyez que quelque chose vous fait défaut, vous aurez toujours l'impression d'être incomplet et attirerez des expériences de ce type dans votre vie.

Tout ce que vous devez faire, c'est détourner votre attention du manque pour la réorienter vers l'abondance. Comme si vous appreniez une nouvelle langue, vous apprenez aujourd'hui une nouvelle vision de vous-même et du monde. Vous apprenez à parler la langue universelle de l'amour en devenant vous-même une expression de l'abondance que vous avez envie de manifester dans votre vie. Chaque jour, choisissez en toute conscience de percevoir et d'accepter l'abondance de votre existence. Profitez de toutes les possibilités qui vous entourent, de l'amour, de la joie, des gens, des petits miracles, de la richesse et de la liberté. Profitez de la nature et de son intelligence infinie et dites-vous que vous faites partie, vous aussi, de cette beauté incroyable. Chaque matin, ouvrez les yeux avec le mot « Merci » et, chaque soir, fermez-les avec le mot « Merci ». Merci à la vie qui circule à travers vous et vous relie à tout ce qui existe. Vous êtes une partie d'un tout et tout est une partie de vous. Prenez l'habitude de donner avec générosité de l'amour, des compliments, des mots bienveillants et tout ce qu'il vous est possible de donner. Nous n'expérimentons pas la plénitude en prenant, mais en donnant.

Versez sur chaque nouveau jour qui se lève votre lumière et la conviction qu'aujourd'hui une nouvelle possibilité d'abondance attend de prendre corps dans vos mains. Votre vie n'est pas demain ni hier. Elle est aujourd'hui. Ici et maintenant. Le moyen le plus sûr de vivre une existence gratifiante est de vivre cette gratification dès aujourd'hui, sans la repousser à plus tard.

« J'allume l'étincelle divine en moi pour en faire une lumière brillante. »

Mes remarques et mes conclusions :

....

....

....

....

....

....

....

....

....

....

....

....

....

....

....

....

....

....

....

....

Pourquoi spiritualité et richesse matérielle ne sont pas incompatibles

Écrire ce chapitre à votre intention me tient particulièrement à cœur parce que je sais à quel point les principes et les idées que je vais partager avec vous feront la différence si vous les appliquez et les intégrez à votre vie. Dans ce troisième chapitre, je vais vous transmettre tout ce qu'il est bon de savoir pour commencer à vous construire une existence gratifiante à tous les niveaux et où la peur de l'avenir, et notamment des soucis financiers, est bannie. Afin que vous puissiez tirer le meilleur parti des pages qui suivent, je vous demande de considérer tout ce que vous avez appris jusque-là sur l'argent et la richesse comme une facette parmi tant d'autres de la réalité et de vous ouvrir à une nouvelle vision des choses. Bien sûr, vous avez parfaitement le droit de revenir ensuite à votre ancien point de vue sur la question – sauf que dans les pages suivantes, il ne s'agit pas d'avoir le droit ou non, mais d'être heureux et comblé.

Ce que j'ai appris de fondamental au cours de mon parcours spirituel et de mon évolution personnelle, c'est que rien dans ce monde n'a vraiment de signification, excepté celle que nous donnons aux choses. Et cette découverte m'a ouvert de nouvelles voies inédites.

Dans cet Univers, tout *est*. C'est aussi simple que cela. Et c'est notre jugement subjectif qui donne un sens à ce qui est. Cette prise de conscience m'a libérée à de multiples niveaux, car cela m'a permis de remettre en question ce que je considérais comme une vérité, et de me détacher progressivement de tous les jugements négatifs et réducteurs.

La voix de votre part spirituelle

Rien, dans ce monde, n'a de signification,
hormis celle que nous donnons aux choses.

Donner un nouveau sens à la richesse

Il n'existe pas *une seule* vérité, et encore moins le Vrai et le Faux, le Bien et le Mal. Il n'existe que des opinions, des jugements et des convictions. Je ne voulais plus me laisser leurrer par l'illusion de la peur, du manque et des limitations mentales. Je voulais m'éprouver dans toute ma force créatrice, libre, authentique et bienveillante. À partir de ce désir profond de me déployer et d'écouter la voix en moi qui savait intuitivement que j'avais encore des tas de choses à expérimenter, j'ai commencé à suivre mon propre chemin spirituel, comme un retour à une ancienne vérité intérieure que j'avais oubliée au fil du temps. J'ai accepté d'aller voir en toute objectivité là où j'étais dans le manque, là où je m'étais coupée de l'abondance qui m'entourait et là où je me limitais dans ma propre force créatrice. Une fois ma décision prise, j'ai constaté assez rapidement que chaque nouvelle journée m'offrait une multitude de possibilités de transformer ma peur du manque en abondance. C'était comme si j'avais ôté des lunettes imaginaires avec lesquelles je voyais flou auparavant pour retrouver subitement une vision des choses parfaitement claire. Comme si mes propres taches aveugles, soudain, me sautaient aux yeux.

Même si ce processus intérieur n'est jamais vraiment terminé et va de pair avec une bonne dose de travail sur soi, de lâcher-prise, de pardon et de guérison, j'ai vécu une expérience formidable de voir et de sentir que tous les domaines de mon existence s'amélioraient peu à peu parce que je m'étais transformée intérieurement. Il ne restait qu'un seul domaine que j'évitais soigneusement de regarder en face : celui de l'abondance financière. Je m'épanouissais dans les sphères les plus variées alors que je n'avais pas réussi à lever un seul blocage dans celle de mes finances et, chaque mois, mon compte bancaire se retrouvait à sec. J'ai toujours travaillé beaucoup, étudié toute la journée, joué les serveuses le soir, et même plus tard j'ai eu des premiers jobs bien payés, mais rien n'y faisait : je n'avais plus un sou à la fin du mois. J'essayais de me convaincre que mon compte bancaire n'avait rien à voir avec moi et que c'était comme ça – je n'avais jamais assez d'argent, point barre. Ce n'est que lorsque j'ai décidé de suivre mon cœur, de concrétiser mes projets et de me mettre à mon compte que j'ai réalisé que je devais étudier mon cas personnel de plus près. Je ne pouvais plus ignorer cette tache aveugle. J'ai senti que ma démarche allait être l'une des conditions les plus importantes pour développer la conviction que j'étais soutenue aussi sur le plan financier.

J'ai compris que je n'allais pas aller loin sur mon nouveau chemin si je ne me donnais pas l'autorisation ni les moyens d'établir un cadre financier capable de me porter et de porter la vision de mon projet de vie. Ici aussi, c'est le sentiment de ma vocation qui m'a obligée à aller voir là où je me limitais encore et où il était grand temps de me débarrasser de mes vieilles croyances et de mes convictions périmées pour pouvoir me créer une nouvelle réalité. À l'époque, je ne savais pas encore très bien ce que j'allais apprendre en projetant de la lumière sur cette tache aveugle. Mais le premier obstacle à franchir avant de commencer à changer mon point de vue sur l'argent consistait à me défaire de ma conviction intérieure selon laquelle on ne peut pas à la fois être spirituel et réussir financièrement. Je sentais une énorme résistance monter en moi, celle de m'autoriser à pouvoir concilier les deux, parce que jusqu'ici j'avais totalement adhéré au «soit l'un, soit l'autre». Soit je suis spirituelle, heureuse et vis en écoutant mon cœur, soit je suis riche, rationnelle et malheureuse. Dans ma réalité de l'époque, les richesses matérielle et spirituelle étaient incompatibles.

La clé pour passer du «ou bien... ou bien...» au «et... et...»? Donner une nouvelle signification à l'argent. Jusqu'alors, j'avais considéré l'argent comme l'une des principales causes des conflits, des disputes, des guerres et des problèmes en tout genre, ce qui ne m'aidait pas à le voir sous un jour positif. J'ai donc commencé à m'interroger sur mon propre regard sur l'argent. Se poser des questions est un excellent moyen de s'ouvrir à de nouveaux points de vue et de se dire qu'il existe mille et une manières d'envisager les choses. Par exemple, je me suis posé les questions suivantes :

Qu'est-ce que l'argent, à vrai dire ? L'argent est-il vraiment mauvais ? Et pourquoi tant d'individus (y compris moi) ont-ils des problèmes avec lui ? Peut-on vivre à la fois dans le bonheur, la spiritualité et la richesse matérielle ?

Je suis heureuse de partager avec vous mes réponses à ces questions – des réponses qui ont transformé pour toujours ma vision des choses. Et j'espère qu'elles vous permettront, à vous aussi, de vous autoriser à vivre une vie comblée dans tous les domaines.

1. Mais qu'est-ce donc que l'argent ?

Dans un premier temps, la réponse à cette question va probablement vous surprendre, voire susciter une résistance en vous, parce qu'elle est tout le contraire de ce que nous pensons communément. Mais je vous promets qu'après en avoir pris connaissance, vous ne vous poserez plus de questions sur l'argent !

Comme vous le savez, tout, dans l'Univers, est énergie – une énergie capable de se matérialiser sous les formes les plus diverses. L'argent n'est rien d'autre que de l'énergie, lui aussi. Il n'est ni bien ni mal. Il *est*, un point c'est tout. C'est un concept énergétique que les êtres humains ont créé pour donner une valeur aux choses et pouvoir, par exemple, échanger des marchandises. Nous dépensons de l'argent pour ce qui représente une valeur à nos yeux. L'argent vous sert à exprimer ce que vous jugez utile, précieux, digne de valeur. Il ne s'agit donc de rien d'autre que d'un échange énergétique portant sur ce qui est important pour vous. L'argent est, en ce sens, une expression de l'amour. Pas de l'amour au sens romantique du terme, mais de l'amour au sens énergétique. L'argent nous sert à nous, êtres humains, à pouvoir exprimer l'amour sous la forme d'une appréciation, d'une attribution de valeur.

Peut-être pensez-vous à cet instant : « Mais alors, qu'en est-il des impôts ? Je n'aime pas payer d'impôts. » Sans doute n'aimez-vous pas directement payer des impôts, mais appréciez-vous certainement le fait que votre enfant puisse aller gratuitement à l'école, que vous soyez pris en charge à tout moment à l'hôpital et que les routes sur lesquelles vous roulez soient en bon état, n'est-ce pas ? Accordez-vous quelques instants pour passer en revue toutes les choses pour lesquelles vous dépensez de l'argent dans votre vie et vous constaterez qu'il y a toujours un échange d'amour avec, au bout, des choses auxquelles vous accordez de la valeur. De même, vous recevez de l'argent des autres en échange de ce que vous faites pour eux et qui représente une valeur ajoutée à leurs yeux – par exemple, votre travail, votre art ou votre temps. L'amour, la créativité et l'argent proviennent tous de la même source créatrice, et vous êtes vous-même cette source. Vous n'êtes pas séparé de l'abondance ; elle jaillit en vous, à travers vous et, là où elle jaillit, elle se multiplie.

La voix de votre part spirituelle

Là où l'argent, la créativité et l'amour jaillissent, ils y sont chaque jour plus abondants.

2. L'argent est-il mal ?

L'argent n'est ni bien ni mal, mais neutre. Il n'a même plus de véritable contre-valeur en or et n'existe que sur la base de l'importance que nous lui donnons. Si l'argent était une couleur, par exemple, il serait incolore et prendrait la couleur portée par la personne qui le possède. L'argent en soi ne pose pas problème ; c'est la personne qui le manipule qui est à l'origine du problème. Ce n'est pas l'argent qui provoque des conflits, mais ce sont les hommes qui en font une pomme de discorde. En soi, l'argent n'a que la valeur et l'importance que vous lui accordez. Il ne fait que renforcer ce qui existe déjà. Si vous êtes quelqu'un de bien et de fortuné, vous allez investir votre argent dans des projets formidables et l'utiliser pour créer encore plus de belles choses dans le monde. Puisque l'argent est pure énergie, il s'adapte à votre fréquence et multiplie ce qui est déjà là. C'est la même chose dans le cas inverse : si l'argent est entre les mains d'un individu qui vibre sur une fréquence négative et l'utilise pour acheter ou produire de la drogue ou des armes, il sera mauvais. Ce qu'il faut bien comprendre, c'est que ce n'est pas l'argent qui est mauvais en soi, mais uniquement l'intention avec laquelle l'être humain s'en sert.

La voix de votre part spirituelle

L'argent en soi est neutre et s'adapte toujours à la fréquence énergétique de l'individu qui l'utilise.

3. Pourquoi tant d'individus ont-ils des problèmes d'argent ?

Parce que l'argent n'est pas neutre, mais chargé de croyances, d'émotions et de sentiments négatifs chez 99,9 % des individus. Les êtres humains ne se considèrent pas comme une source, mais comme de simples récepteurs passifs. Si nous avons des soucis d'argent, par exemple sous forme de dettes, il est fort probable que nous ayons attribué une connotation négative à l'argent ou donné la priorité à autre chose au cours de notre vie. Cette attitude va de pair avec des convictions intérieures du style : « Il faut écraser les autres pour devenir riche… » ou « L'argent est sale » ou encore « L'argent est source de conflits ! » Si nous sommes rentrés dans cet état d'esprit, notre inconscient va naturellement veiller à ce que nous en possédions le moins possible, de cet « argent sale », et à ce que moins nous en ayons, mieux nous nous sentions. De plus, cette conviction intérieure ne nous permettra pas d'aborder le sujet de façon positive ni d'apprendre comment l'argent fonctionne exactement, ce qu'il est, par nature, et comment en avoir davantage.

D'un autre côté, il existe aussi des personnes convaincues que seul l'argent peut les rendre heureuses, leur offrir une sécurité ou leur donner suffisamment d'estime de soi. Alors elles l'accumulent, sans pour autant améliorer leur propre image d'elles-mêmes ni se sentir plus heureuses. Elles peuvent même aller jusqu'à détruire leurs relations, faire un *burn-out* ou avoir un job qui ne leur apporte aucune satisfaction. Là aussi l'argent se voit attribuer une signification qui ne peut pas fonctionner puisqu'il n'a aucune action en soi. L'argent ne vous donnera jamais le sentiment d'avoir une quelconque valeur et ne fera jamais votre bonheur. Il peut uniquement vous servir à accorder de la valeur à quelque chose d'extérieur. Si vous en avez, vous pouvez vous offrir toutes les richesses matérielles possibles, mais cela ne comblera jamais votre sentiment de manque intérieur. Si vous voulez développer un rapport positif à l'argent et le faire circuler de nouveau dans votre vie sous forme d'énergie, vous devez examiner de près vos propres convictions mentales et émotionnelles à son égard et les transformer.

La voix de votre part spirituelle

La seule valeur que l'argent possède est celle que vous lui donnez.

4. Peut-on vivre à la fois dans le bonheur, la spiritualité et la richesse matérielle ?

La réponse à cette question est très simple : oui.

Vivre dans la spiritualité signifie comprendre que vous faites partie du Tout et que le Tout fait partie de vous. La source de l'abondance est en vous. Vous n'êtes pas séparé de ce que vous avez envie de manifester. La spiritualité est un chemin de déploiement intérieur et de retour progressif à votre véritable essence. Cette essence est l'amour. L'argent n'est rien d'autre qu'une expression de l'amour. L'argent est une énergie qui aspire à circuler et à être utilisée. C'est votre droit très naturel de faire circuler cette abondance à travers vous et d'utiliser l'argent, tant pour exprimer la valeur que vous accordez au travail des autres que pour accepter la valeur ajoutée que vous apportez dans leur vie. L'Univers tend vers l'ordre, l'harmonie et l'expansion. Lorsque vous créez à l'intérieur de vous un rapport apaisé à l'argent et à l'abondance, vous contribuez à cette harmonie à travers votre attitude intérieure. L'argent vous permet de faire de belles et bonnes choses, et de soutenir des projets qui améliorent le monde. Dès l'instant où nous ne le considérons plus comme quelque chose que nous devons retenir, pour l'obtention duquel nous devons lutter ou qui doit nous combler, mais au contraire comme une énergie qui doit circuler librement pour nous soutenir les uns les autres dans nos missions de vie et être investie là où elle est le plus nécessaire, les problèmes pécuniaires disparaissent.

la voix de votre part spirituelle

L'argent est une énergie qui aspire à circuler et à être utilisée.

Pourquoi votre rapport à l'argent est important

Imaginez qu'on frappe à votre porte, que vous ouvrez et que vous tombez nez à nez avec… l'argent. Pas sous forme de billets, mais sous l'apparence d'un individu. Examinez cette personne qui incarne l'argent. À quoi ressemble-t-elle ? Est-elle grande ou petite ? Grosse ou mince ? A-t-elle l'air en bonne santé ou malade ? Que ressentez-vous en voyant l'argent là, debout, à votre porte ? Cela vous fait-il plaisir ? Vous réjouit-il ? Ou, au contraire, sentez-vous monter en vous des sentiments négatifs tels que de la peur, de la honte, de la colère ou de l'impuissance ? Allez-vous l'inviter à entrer, lui proposer un café et lui dire de se mettre à l'aise ou lui claquer la porte au nez ? Quelle impression produit-il sur vous ? Semble-t-il heureux ou, au contraire, triste, rejeté, voire méprisé ? Si vous étiez l'argent, iriez-vous vous rendre visite avec plaisir ? Prenez le temps de réfléchir à ces différentes questions et essayez d'y répondre.

Toutes les réponses que vous venez de produire vous donnent déjà une idée assez précise de votre rapport à l'argent et de la manière dont vous le considérez. Si sa visite n'a pas suscité des sentiments positifs en vous, si vous ne l'accueillez pas les bras ouverts et si vous n'êtes pas contents de vous voir, tous les deux, c'est que votre rapport à l'argent n'est pas harmonieux, mais plutôt perturbé ou chargé négativement sur le plan émotionnel.

Si vous êtes dans cette situation, je peux vous rassurer tout de suite : vous n'êtes pas le seul. Rares sont les personnes à vivre en parfaite harmonie avec l'argent. Pour la plupart, l'argent signifie au contraire manque, surcharge de travail, stress, disputes, conflits, voire angoisse existentielle et séparation.

Dans ma famille, l'évoquer suffisait généralement, et en quelques instants, à instaurer une mauvaise ambiance et à susciter des émotions ou des sentiments négatifs. Le plus souvent, le sujet était totalement évité, mais lorsqu'on l'abordait, je sentais que l'argent était inconsciemment associé au manque et à quelque chose de mauvais qu'il ne fallait pas posséder en trop grande quantité. Être riche ou réussir financièrement n'avait rien de positif dans l'esprit de mes proches et, au contraire, ils pensaient plutôt : « Mieux vaut être heureux que riche. » De plus, l'argent était associé à des reproches émis par mes parents à l'égard de leurs propres parents, ce qui ne nous aidait pas, nous, enfants, à en développer une image positive. Son image négative s'est donc transmise de génération en génération. Pendant longtemps, j'ai eu l'impression que l'argent était un sujet dont on ne parle pas et dont on ne s'occupe pas. Je pensais qu'il était normal d'avoir des soucis financiers et qu'il était même préférable de ne pas posséder trop d'argent. Plus j'avançais dans la vie, plus mes sentiments négatifs à son égard – notamment la honte et l'impuissance – se renforçaient. C'était comme une spirale descendante qui s'autoalimentait. Il ne me venait même pas à l'idée qu'il pouvait exister une tout autre manière de considérer et de gérer l'argent.

J'ai vraiment su ce que voulait dire manquer d'argent lorsque je suis allée étudier un semestre à Berkeley, aux États-Unis, grâce à une bourse. Auparavant, j'avais toujours travaillé parallèlement à mes études, ce qui m'avait permis de subvenir à mes besoins – même si, à la fin du mois, je me retrouvais systématiquement à sec. Mais là, à Berkeley, c'était la première fois que je ne pouvais pas travailler en parallèle à cause de mon visa et que je n'avais pas réalisé quelques économies en prévision. Je me suis donc retrouvée dans un magnifique campus, mais complètement fauchée et incapable de me payer une chambre normale parce que les prix étaient trois à quatre fois plus élevés qu'à Berlin. Après une longue recherche, j'ai fini par tomber sur une petite annonce qui proposait une chambre de 400 dollars par mois, soit moins de la moitié du prix des autres logements. J'étais folle de joie! Lorsque je me suis déplacée pour aller voir cette pièce, la propriétaire ne m'a pas montré une chambre, mais un cagibi dans lequel je pouvais caser au maximum un matelas. Ce placard à balais allait être mon chez-moi pendant six mois. J'ai essayé de le rendre aussi agréable que possible, mais comme je ne pouvais y mettre quasiment rien de plus qu'un petit matelas, les possibilités étaient limitées. Ai-je quand même passé un bon séjour? Bien sûr que oui! Ce fut une période très belle et très inspirante à laquelle je repense souvent, et je suis infiniment reconnaissante envers la vie de m'avoir permis d'étudier là-bas. Mais est-ce que j'étais parfaitement détendue et insouciante durant ces six mois? Bien sûr que non! J'étais toujours en train de tout calculer et de réfléchir à deux fois avant de débourser le moindre dollar. J'essayais de dépenser le moins d'argent possible, je me préparais généralement des flocons d'avoine avec du lait aux trois repas parce que c'était le plus économique et je vivais totalement à crédit sur ma carte bancaire. Est-ce que je me sentais bien avec cela? Pas du tout, évidemment. Mais est-ce que je comprenais à l'époque que ce problème était uniquement lié à ma vision de l'argent et à ce que j'avais appris dans ce domaine jusque-là? Non, absolument pas, parce que la peur du manque était devenue ma réalité. L'idée que mon rapport à l'argent puisse être tout autre, nettement plus cool, ne m'effleurait même pas l'esprit. Et c'était bien là le problème.

Je m'étais construit une vie de manque fondée sur une conviction personnelle qui ne me permettait pas de voir que les choses pouvaient être radicalement différentes. J'étais comme mentalement aveugle à une autre possibilité et à une vie d'abondance financière. Avec le recul, je retournerais bien en arrière, jusqu'à mon moi passé, lorsque j'étais plus jeune, pour lui dire que la seule personne capable de dissoudre cette peur du manque, c'était lui-même, et qu'il lui aurait suffi de modifier son mode de pensée et le schéma comportemental qui en résultait pour sortir de cet éternel stress financier.

La voix de votre part spirituelle

La peur bloque la circulation de l'argent dans votre vie. Considérez positivement l'argent et vous deviendrez un canal d'abondance à travers lequel il pourra circuler tout naturellement.

Heureusement, il n'est jamais trop tard pour changer son propre mode de pensée. Personnellement, il m'a fallu encore quelques années avant de voir les sous rentrer et me débarrasser de mes croyances paralysantes dans le domaine financier. Mais aujourd'hui je m'en suis libérée, et je remercie l'argent de m'avoir aidée à concrétiser ma mission de vie et à mener une existence épanouie. Désormais, j'ouvre et j'envoie chacune de mes factures à régler avec un sentiment profond de gratitude et de connexion, parce que je sais que cette facture signifie que quelqu'un, à l'autre bout, a fait quelque chose d'utile pour moi. Je me réjouis de chaque facture à envoyer, me disant à chaque fois : « Merci, toi qui reçois cet argent de moi, d'avoir fait quelque chose pour moi, d'avoir dépensé du temps et de l'énergie pour moi, de m'avoir aidée, de m'avoir fait du bien avec ton service/ton produit... »

À chaque fois que j'entre en contact avec de l'argent ou que je parle d'argent, je suis remplie d'estime et d'amour. Je me relie activement et consciemment à l'abondance de l'Univers et la laisse grandir encore à travers moi. L'argent n'est rien d'autre que de l'énergie, une énergie qui a besoin de circuler. Alors que votre peur bloque le flux d'argent, votre attitude intérieure d'amour et d'estime vous permet de devenir un canal à travers lequel l'argent va circuler tout naturellement dans votre vie.

Exercice

Créez-vous un rapport gratifiant à l'argent

La bonne nouvelle ? Vos blocages ne vont pas durer aussi longtemps que les miens ! Dès maintenant, vous pouvez commencer à transformer radicalement votre vision de l'argent et à guérir votre rapport à lui. La première étape consiste à prendre conscience de votre attitude à son égard et à sonder votre monde intérieur à la recherche de croyances à débusquer. Après avoir reçu la visite de l'argent chez vous au début de ce chapitre, vous avez pu vous faire une première idée de la nature de la relation que vous entretenez avec lui. Mais nous devons creuser plus loin pour mettre au jour tout ce qui vous bloque et vous permettre de vous libérer de vos croyances négatives.

ÉTAPE 1
Explorez votre histoire avec l'argent

Votre vision de l'argent n'est rien d'autre qu'une histoire ancrée dans votre tête. Une histoire chargée d'émotions, d'expériences, d'observations et de conclusions que vous vous êtes racontée si souvent et pendant si longtemps que vous avez fini par y croire. Pourtant, cette histoire ne peut exercer son emprise sur vous et sur votre vie que dans la mesure où vous y croyez et la laissez agir dans votre inconscient. Plus vous observerez et mettrez en lumière le plus honnêtement possible votre propre histoire avec l'argent, plus il vous sera facile de la transformer. Pour me familiariser avec tous les protagonistes et les scènes clés de votre histoire, je vous ai préparé quelques questions. Prenez le temps d'y répondre pour vous-même, tranquillement et par écrit :

« Quels sont vos souvenirs les plus précoces par rapport à l'argent ? »
« Comment parlait-on de l'argent dans votre famille ? »

« Quelles histoires à propos de l'argent, même lointaines, circulaient dans la maison ? Lesquelles avez-vous entendues ? »
« Certaines personnes de votre entourage proche avaient-elles des préjugés par rapport à l'argent ? Si oui, lesquels ? »
« Y a-t-il eu des conflits, des disputes ou des séparations à cause de l'argent dans votre famille ? »
« Lorsque vous étiez enfant, vous êtes-vous senti en sécurité financièrement ou l'argent était-il une source d'inquiétude ? »
« Quelles expériences avez-vous faites avec l'argent entre copains-copines et à l'école ? »

ÉTAPE 2
Débusquez vos croyances

À présent, lisez attentivement les réponses que vous venez d'écrire et notez toutes les croyances négatives et paralysantes que vous pouvez en déduire. Voici quelques exemples possibles :

« Il n'y a jamais assez d'argent. »
« L'argent ne pousse pas sur les arbres. »
« Il faut faire des économies. »
« L'argent provoque disputes et séparations. »
« L'argent détruit la famille. »
« C'est soit l'argent, soit le bonheur. »
« L'argent corrompt le caractère. »
« Il est difficile de gagner beaucoup d'argent. »
« Je me sens mal d'avoir de l'argent alors que d'autres sont pauvres. »
« Je ne voudrais rien prendre aux autres. »
« C'est égoïste de posséder beaucoup d'argent. »
« Je me sens mal de dépenser de l'argent. »
« Seules les mauvaises personnes deviennent riches. »
« L'argent est sale. »
« Tu ne peux pas tout avoir. »

«J'ai peur d'être rejeté si je gagne plus d'argent que mes proches.»
«Je ne dois pas gagner plus d'argent que ma famille/mes amis.»
«Les gens riches sont des frimeurs.»
«Ma famille n'a jamais eu beaucoup d'argent, donc je n'en aurai pas non plus.»
«On n'a rien sans rien.»
«Je ne peux pas gérer d'argent.»
«L'argent fait bien des envieux.»
«Il est trop tard pour devenir riche.»
«À peine a-t-on fait quelques économies qu'une nouvelle tuile arrive.»
«L'argent est à peine là qu'il repart aussitôt.»
«On ne peut pas influencer tout ce qui touche à l'argent.»
«Je ne peux pas me le permettre.»
«...»

Maintenant, évaluez chacune des croyances que vous venez de noter sur une échelle de 1 à 5 en fonction de leur impact mental sur vous (1 = impact mental très fort / 5 = impact mental très faible). Puis sélectionnez les croyances que vous avez évaluées à 1 ou 2 et, pour chacune d'entre elles, trouvez l'affirmation contraire. Imaginez que vous êtes votre propre avocat et que votre tâche consiste à trouver l'équivalent positif de chacune de vos croyances négatives – une croyance positive qui vous renforce. Par exemple :

Vous pouvez transformer «Il n'y a jamais assez d'argent» en «Il y a de l'argent à foison.» Ou transformer «L'argent provoque disputes et séparations» en «Avec l'argent, je peux engendrer beaucoup de choses très positives.» Ou encore «Tu ne peux pas tout avoir» en «La source de l'abondance est en moi. Je peux avoir tout ce que je désire.»

À présent, lisez à haute voix la croyance négative, puis son équivalent positif. Essayez de sentir à l'intérieur de vous l'impact des mots de la première, puis de la seconde. Essayez de sentir leur énergie. Prenez conscience de l'impact différent qu'elles ont sur vous et du déroulement différent de votre vie selon celle que vous adoptez. Si vous vous enfermez dans une croyance négative et sclérosante, vous aurez du mal à développer une relation harmonieuse et satisfaisante à l'argent, et à en gagner suffisamment. C'est comme un mur que vous érigez autour de vous et qui ne laisse pas passer le moindre sou. La vibration énergétique négative qui s'en dégage conduit automatiquement à l'une des situations suivantes : soit l'argent ne peut pas circuler dans votre vie, soit il disparaît peu après être apparu. En fait, il vous suffit de consulter votre compte bancaire pour voir ce que vous pensez de l'argent, en vérité. Car la situation de votre compte n'est pas due au hasard; elle dépend directement de la nature de vos croyances et de la force avec laquelle votre inconscient est convaincu qu'il est préférable d'avoir peu – ou de ne pas avoir du tout – d'argent dans la vie. Il est très intéressant d'observer que les personnes qui touchent une augmentation de salaire voient leurs dépenses s'accroître dans la même proportion que leurs rentrées, de sorte qu'à la fin du mois elles se retrouvent avec aussi peu d'argent sur leur compte qu'auparavant. Si vous voulez avoir plus d'argent à votre disposition, inutile de travailler plus ou d'économiser davantage; il vous suffit de transformer vos croyances, vos convictions intérieures et, surtout, les émotions qui leur sont liées.

ÉTAPE 3
Débarrassez-vous de vos sentiments négatifs à l'égard de l'argent

Vos pensées influencent vos sentiments et vos émotions. De même, vos croyances sur l'argent suscitent en vous certains sentiments – de la honte, de l'impuissance, de la colère, de la peur ou de la tristesse, par exemple – qui

peuvent avoir un impact considérable sur votre rapport à lui. Et vos sentiments induisent à leur tour un certain type de comportement.
Si vous avez des émotions ou des sentiments négatifs à l'égard de l'argent et de l'abondance, vous ne vous comportez pas comme un individu heureux et comblé, mais restez dans le rôle du petit enfant blessé dont les expériences négatives n'ont jamais été guéries. En vérité, ce n'est pas vous qui avez le contrôle de l'abondance financière dans votre vie, mais le petit enfant en vous. Et tant que votre enfant intérieur n'entretiendra pas de bonnes relations avec l'argent et l'abondance, vous réagirez inconsciemment par de la rébellion, de la résistance, de l'ignorance, de l'avarice ou, au contraire, une prodigalité excessive. Vous ne voudrez pas entendre parler d'argent parce qu'il réactive des sentiments ou des souvenirs négatifs.
Chaque facture dans votre boîte aux lettres vous terrorisera, vous ne chercherez même pas à avoir gain de cause dans les négociations salariales et vous porterez toujours en vous un sentiment profond de manque. Non pas parce que vous manquerez d'argent, mais parce que vous vous serez coupé de cette source.
Alors je vous en prie : regardez-vous en toute honnêteté. Et dites-vous que le plus important, à présent, est de rassembler votre courage à deux mains, de reconnaître que vous seul pouvez changer la situation et qu'il existe une solution.

Si vous voulez transformer positivement vos sentiments à l'égard de l'argent et pouvoir vous sentir en sécurité et aimé dans ce domaine, vous devez commencer par prendre conscience de la nature et de l'origine de ces sentiments. Pour réaliser l'exercice suivant, ayez un peu de temps devant vous et soyez au calme.

Pour une vision positive de l'argent (Méditation)

Fermez les yeux, puis inspirez et expirez à fond. Détendez-vous et demandez à votre part intérieure remplie de sagesse de vous conduire à la première situation de votre vie où vous vous êtes senti impuissant, paniqué, triste, honteux, coupable ou en colère à cause de l'argent. Imaginez que vous vous voyez enfant en train de vivre cette situation, comme si vous vous regardiez sur un écran de cinéma. Observez ce qui se passe.

À présent, imaginez que vous traversez l'écran pour aller rejoindre votre enfant intérieur. Prenez-le dans vos bras, serrez-le très fort et offrez-lui tout l'amour dont il a besoin. Puis demandez-lui : « Pourquoi te sens-tu impuissant, paniqué, triste, honteux, coupable ou en colère dans cette situation ? »

Écoutez ce qu'il vous répond. Quelles sont les conclusions qu'il a tirées de cette situation et les croyances qu'il a faites siennes ?

Maintenant, dites à votre enfant intérieur tout ce qu'il aurait dû entendre, voir ou expérimenter dans cette situation pour développer un rapport à l'argent sain et satisfaisant. Expliquez-lui que le problème ne vient pas de l'argent en soi, mais de l'attitude des individus et de leurs peurs qui les conduisent à faire ou à dire de vilaines choses. Dites-lui qu'il vit dans un Univers d'abondance et que toute cette abondance est à sa disposition. Qu'il peut se faire confiance et qu'il a le droit de connaître l'amour et la plénitude dans tous les domaines de son existence. Sentez le soulagement avec lequel votre enfant intérieur accueille ces nouvelles informations et se détend de plus en plus. Il n'a rien à combattre ni à sauvegarder à tout prix. Il est en sécurité, aimé et protégé.

Maintenant, imaginez qu'un ruban est tendu entre votre enfant intérieur et la personne à cause de laquelle il s'est senti en insécurité, paniqué, coupable, honteux, impuissant, triste ou en colère. Visualisez ce ruban qui les relie. (Si plusieurs personnes étaient concernées, votre enfant intérieur s'adressera à chacune d'entre elles.)

Demandez à votre enfant intérieur d'adresser les paroles suivantes à la personne avec laquelle il est relié par le ruban : « Tu m'as fait souffrir. À cause de toi je me suis senti en insécurité / paniqué / coupable / honteux / impuissant / triste / en colère. Mais aujourd'hui, je prends un nouveau départ. Je te pardonne pour ton attitude et ce que tu as fait. Je choisis d'être libre. Libre des reproches et des croyances paralysantes. J'ai envie de me créer une vie épanouie et c'est pourquoi je me débarrasse maintenant de tout ce qui m'a séparé énergétiquement, mentalement et émotionnellement de cette abondance et de l'amour. Je choisis d'ouvrir grand les bras à l'abondance et à l'amour dans ma vie. À partir d'aujourd'hui, il m'est facile de multiplier l'argent et de laisser l'abondance de l'Univers circuler à travers moi parce que mes blocages sont levés et que je n'ai plus peur de l'argent. J'ai conscience que l'argent ne fait pas le bonheur, mais que l'énergie qu'il représente m'aide à manifester certaines choses dans mon existence et à me créer la vie dont j'ai envie. L'argent permet d'accroître ce qui est bien, bon et beau dans le monde, et plus j'en gagne, plus je peux apporter au monde de belles et bonnes choses. Dès à présent, je considère l'argent comme une expression de l'estime portée aux êtres et aux choses, et je suis dans la générosité. Plus j'apporte d'estime au monde à travers l'argent, plus j'en reçois en retour, également sous forme d'argent. Je m'autorise à vivre une croissance tant matérielle que spirituelle dans mon existence. Il n'y a pas de limites, hormis celles que je me fixe. Je suis libre dans ma force créatrice. Je suis reconnaissant d'avoir pu vivre cette expérience car elle me permet aujourd'hui de faire corps avec l'abondance de l'Univers et d'évoluer spirituellement. Je remercie tous mes sentiments négatifs de m'avoir conduit jusqu'ici pour pouvoir guérir maintenant cette expérience. Vous avez fait votre boulot et je vous laisse repartir. Je n'ai plus besoin de vous.»

À chaque parole que prononce votre enfant intérieur, vous sentez le canal de l'amour et de l'abondance se rouvrir de plus en plus largement dans votre vie. Imaginez maintenant une magnifique lumière d'or blanc venir sectionner le ruban, puis nettoyer et transformer définitivement toute l'énergie négative de cette situation dans le temps et dans l'espace.

Remerciez cette force incroyable que vous donne votre enfant intérieur. Prenez-le une nouvelle fois dans vos bras et dites-lui au revoir. Maintenant, observez la situation de l'extérieur, regardez-la se dérouler sur l'écran. Donnez-lui une nouvelle couleur, une nouvelle force, et voyez votre enfant intérieur totalement détendu et confiant. Sentez combien cette situation vibre d'une énergie toute neuve et comme vous êtes libre.

Inspirez et expirez à fond et, lorsque vous êtes prêt, rouvrez les yeux et revenez dans l'ici et maintenant. Vous pouvez répéter cette méditation pour toutes les situations où vous avez le sentiment que l'abondance dans votre vie est contrariée sur le plan énergétique, mental ou émotionnel.

ÉTAPE 4
Vivez comblé

Maintenant que tous vos blocages énergétiques et émotionnels par rapport à l'abondance financière sont dissous, vous pouvez vous sentir plus léger, car libéré, et commencer à changer votre comportement en vue d'instaurer une relation à l'argent pleinement satisfaisante.

Prenez régulièrement rendez-vous avec votre argent

Le prochain week-end, prenez un peu de temps pour organiser un rendez-vous avec l'argent. N'attendez pas le moment idéal, l'alignement parfait des planètes ou de vous sentir prêt à 100 % pour vous occuper de votre abondance financière. Fixez-vous un rendez-vous dans votre agenda et respectez-le. Les sentiments positifs viendront après, faites-moi confiance. Préparez-vous un délicieux chocolat chaud ou un bon thé, allumez des bougies, créez une ambiance agréable autour de vous et sortez tous les documents en rapport avec l'argent dans votre vie. Veillez à avoir devant vous une vue d'ensemble de vos recettes et de vos dépenses. Classez toutes vos pièces justificatives, tous vos relevés bancaires dans un beau classeur, puis étudiez tranquillement tous les documents que vous avez en main. Vous pouvez aussi vous créer un tableau sur ordinateur où vous notez tout : vos recettes, vos dépenses, d'où vient l'argent et où il va, les factures que vous n'avez pas encore réglées, etc. Ce travail de clarification vous aidera à prendre de meilleures décisions et à vous sentir beaucoup moins stressé dès qu'il est question d'argent.

Sur le plan de l'action, le premier pas décisif est d'avoir le courage de vous occuper de vos finances et de vous dire : « Je ne suis plus disposé à me couper de l'abondance qui m'entoure et à accepter que l'argent soit une question anxiogène ou chargée négativement. Maintenant, je suis prêt à être dans l'abondance, à laisser l'argent affluer en plus grande quantité dans ma vie. J'ai compris ses lois et ses principes, et j'agis en accord avec eux. »

Commencez à régler vos factures avec joie. À chaque nouvelle facture, dites-vous : « Merci de me permettre de régler cette facture. J'apprécie la prestation que j'ai reçue et je la paie volontiers en échange. Je suis dans l'abondance et j'aime remettre l'argent en circulation. »

Vous allez être étonné de la manière dont l'argent va circuler tout autrement dans votre vie si vous prenez régulièrement rendez-vous avec lui pour avoir un aperçu de vos finances. Il arrivera même un jour où vous vous mettrez à vous réjouir de ce rendez-vous parce que vous sentirez qu'il contribue à votre abondance. Depuis que j'ai pris cette habitude il y a des années, je n'ai plus jamais eu de soucis financiers ni le sentiment de manquer d'argent. Bien au contraire, l'argent vient à moi par les sources les plus inattendues, et je lui suis infiniment reconnaissante qu'il me permette de soutenir des projets sociaux et de développer mon entreprise sur des bases solides.

Parlez de l'argent comme d'un bon ami à vous

Faites attention aux mots que vous choisissez pour parler d'argent. La langue est un instrument très puissant avec lequel nous créons notre réalité. Pourtant, la plupart du temps nous n'avons absolument pas conscience des mots que nous choisissons. Des phrases du style : « Je ne peux pas me le permettre » ou « C'est beaucoup trop cher » renforcent, à votre insu, votre sentiment de manque et produisent une réalité que vous ne désirez pas. Alors prenez l'habitude de parler de l'argent de la manière la plus bienveillante et la plus amicale possible, comme si vous parliez d'un bon ami à vous. À chaque fois que vous prenez conscience de la façon dont vous parlez de l'argent et produisez du manque avec vos paroles, faites une pause et choisissez de parler de l'argent avec amour. Par exemple, remplacez « Je ne peux pas me le permettre » par « Je remercie l'abondance et les nombreuses manières dont l'argent circule dans ma vie. »

Prenez conscience de l'abondance dans votre vie

L'abondance universelle s'exprime sous des formes infiniment variées – dans la nature, l'amour, les amitiés, un bon repas, un coucher de soleil, un sourire, le regard des enfants, des mots tendres, une étreinte, un bon livre ou simplement une promenade au bord de la mer ou dans la forêt. L'abondance est partout. L'amour est partout. Ouvrez votre cœur pour les accueillir. Chaque jour, prenez conscience de l'abondance infinie présente dans votre vie et célébrez-la par la gratitude. Amusez-vous à percevoir le maximum de choses à l'égard desquelles vous pouvez éprouver de la gratitude. Dites-vous :

«Je remercie ma bonne santé, les personnes merveilleuses qui font partie de ma vie, le café qui m'attend au petit-déjeuner, les fleurs dans le jardin, le lever du soleil, etc.» Profitez-en pour manifester votre gratitude à tout moment, que ce soit à la caisse du supermarché ou sous la douche. Donnez-vous pour mission principale de percevoir consciemment l'abondance dans votre vie et vous allez en attirer automatiquement encore bien davantage. En fait, vous allez l'aimanter. Pourquoi? Tout simplement parce que vous vibrez à la même fréquence qu'elle.

La voix de votre part spirituelle

Chaque jour, prenez conscience de l'abondance infinie présente dans votre existence et célébrez-la par la gratitude.

Partagez l'abondance dont vous jouissez. Devenez un canal pour l'argent afin qu'il puisse atteindre encore plus de personnes à travers vous. Prenez l'habitude de dépenser chaque mois une partie, par exemple 10 %, de vos revenus. Faites savoir à l'Univers que vous vivez dans la conscience de l'abondance. Au moment où vous commencez à dépenser ou à donner de l'argent, vous dites à l'Univers : «J'ai plus qu'il ne m'en faut et je peux faire preuve de générosité, car je sais que la source de l'abondance est en moi.»

Laissez l'abondance circuler dans votre vie

L'une des pires choses pour moi est de voir que certaines personnes n'écoutent pas leur talent ou leur vocation parce qu'elles pensent que ce qu'elles ont à donner au monde n'est pas valable et redoutent de ne pas pouvoir gagner leur vie de cette manière. Votre cadeau au monde a sa place dans le monde et non caché du monde. Ce serait une perte énorme pour l'humanité s'il restait caché à l'intérieur de vous sans jamais être partagé. Cette existence est le mauvais endroit pour jouer la sécurité, ne jamais prendre de risque et ne faire que ce que vous avez déjà fait toute votre vie. Nous avons besoin de vous, de votre lumière, de votre unicité, de votre joie de vivre et de votre propre façon de vous créer votre vie. Ne restez pas en retrait plus longtemps. Autorisez-vous à partager votre caractère unique et original, ainsi que l'appel de votre cœur, avec le monde. L'argent ne doit jamais vous empêcher de vivre votre rêve. Si l'argent existe, c'est pour vous aider à suivre votre chemin et à concrétiser la vision de votre projet de vie, et non pour vous en détourner. Mais c'est d'abord à vous d'accorder de la valeur à ce que vous faites. Si vous ne reconnaissez pas vous-même ce dont vous êtes capable et ce que vous apportez au monde, personne ne pourra le faire à votre place.

L'argent est un formidable miroir de notre estime de nous-mêmes. Il nous apprend à nous apprécier et à accorder une valeur à notre travail, et nous montre sans détour quand nous ne le faisons pas. Il nous enseigne que l'abondance provient d'un échange permanent entre donner et recevoir. Sur cette Terre, rien ne peut exister sans le don, et les choses ne peuvent être données que si quelqu'un les reçoit. Accepter de recevoir l'estime d'autrui signifie toujours lui donner quelque chose en retour, à savoir la joie de pouvoir le lui donner.

La voix de votre part spirituelle

Donner et recevoir sont deux actes nécessaires à la circulation de l'abondance. Si l'un des deux vient à manquer, il n'y a pas d'abondance.

Vous connaissez aussi certainement la joie anticipée que vous ressentez lorsque vous offrez quelque chose à quelqu'un ou la satisfaction que vous éprouvez de pouvoir rétribuer quelqu'un pour le travail formidable qu'il a accompli. C'est la danse du donner et du recevoir qui donne vie à l'abondance dans l'Univers. Donner, recevoir, redonner et recevoir à nouveau constituent un mouvement ininterrompu. Accepter de recevoir permet de donner, de même que donner permet d'accepter de recevoir. Ce sont les deux faces d'une même médaille, et elles ont une valeur identique. Renoncer à l'une ou à l'autre empêcherait l'abondance de s'exprimer. Si vous voulez baigner vraiment dans l'abondance, vous devez vous autoriser à recevoir et à donner avec une joie égale.

Il n'y a vraiment rien de mal à ce que vous puissiez expérimenter l'abondance avec ce que vous apportez au monde. Il est même très naturel que l'abondance s'invite dans votre vie si vous êtes en accord avec vous-même et avec votre mission sur cette Terre. D'ailleurs, c'est ainsi que l'abondance appelle l'abondance. L'Univers veut vous soutenir, vous et votre évolution personnelle, car c'est dans sa nature d'être dans l'opulence. Cette richesse circule toujours autour de vous et à travers vous. Et vous seul pouvez décider si vous avez envie de nager avec ou contre le courant.

Exercice

Comment entrer dans le flux de l'abondance

Je vous invite à lire les phrases suivantes et à souligner celles qui résonnent le plus en vous :

« Je ne dois pas demander d'argent pour ce qui me fait plaisir ou m'est facile. »

« J'ai besoin d'une idée exceptionnelle pour réussir aussi sur le plan financier. »

« Il est difficile de gagner beaucoup d'argent. »

« Il faut travailler extrêmement dur pour gagner de l'argent. »

« Réclamer beaucoup d'argent pour quelque chose est immoral ou présomptueux. »

« Je n'ai pas mérité d'avoir beaucoup d'argent. »

« Je n'ai pas mérité d'avoir une indépendance financière totale. »

« Je n'en suis pas digne. »

« Pour gagner beaucoup d'argent, je dois posséder de très bonnes qualifications/de très bons diplômes. »

« De toute façon, personne ne dépensera d'argent pour mes produits/services. »

« Dans mon secteur d'activité, on ne peut pas gagner beaucoup d'argent. »

« C'est bouché, il y en a déjà trop qui font la même chose que moi. »

« On ne peut pas gagner sa vie avec l'art ou la créativité. »

....

....

(Inscrivez ici vos autres croyances ou convictions si jamais elles ne figurent pas dans les phrases ci-dessus.)

Chacune de ces convictions vous fait nager vers l'amont, à contre-courant du mouvement naturel de l'abondance. C'est non seulement incroyablement fatigant, mais aussi terriblement frustrant à la longue. Vous voyez toute l'abondance passer devant vous et vous vous demandez pourquoi votre vie est si dure. C'est d'autant plus épuisant que vous luttez contre le courant au lieu de vous retourner, tout simplement, et de vous laisser tranquillement glisser au fil de l'eau, vers l'aval.

La voix de votre part spirituelle

L'Univers est un lieu de l'abondance infinie qui cherche à s'exprimer aussi à travers vous.

L'Univers ne peut pas changer à votre place la direction dans laquelle vous nagez. Il peut vous montrer inlassablement l'abondance qui vous entoure, mais vous seul êtes en mesure de vous retourner et de vous laisser porter par le courant. La seule chose à faire est de lâcher les convictions paralysantes qui vous obligent à nager à contre-courant. C'est parce que vos croyances n'autorisent aucune abondance dans votre existence que vous êtes constamment préoccupé et incapable de gagner votre vie avec ce que vous faites. Elles vous empêchent d'épanouir votre créativité et empêchent l'Univers de vous aider financièrement pour votre excellent travail. Si vous restez accroché à ces convictions, vous vous entravez vous-même et refusez aux autres la possibilité d'apprécier votre production et la valeur ajoutée que vous apportez au monde. Transformer et dissoudre vos croyances négatives va vous permettre de laisser passer l'abondance dans votre vie.

Pour l'instant, sélectionnez toutes les convictions sclérosantes que vous avez soulignées et, pour chacune, trouvez l'affirmation contraire. Quelles nouvelles croyances vous permettraient de vous retourner et de nager dans le sens de l'abondance en toute sérénité ? Imaginez que vous vous sentez fortifié et porté par le flux de l'abondance. Quelles convictions intérieures vous donneraient accès à ce sentiment positif ?

Voici quelques exemples :

Vous pouvez transformer « Je ne dois pas demander d'argent pour ce qui me fait plaisir ou m'est facile » en « C'est avec joie et facilité que je crée une énorme valeur ajoutée pour les autres » ou « La facilité, la gratitude et la joie sont la meilleure fréquence sur laquelle attirer encore plus d'abondance dans ma vie. »

Vous pouvez transformer « Il faut travailler extrêmement dur pour gagner de l'argent » en « L'argent vient tout naturellement à moi si je suis dans mon élément » ou « J'aime ce que je fais et je suis très bien payé pour le faire. »

Vous pouvez transformer « Je n'ai pas mérité d'avoir beaucoup d'argent » en « C'est mon droit d'être humain de vivre dans l'abondance » ou « Plus j'ai d'abondance dans ma vie, mieux je peux contribuer à celle des autres. »

Pardonnez-vous et prenez un nouveau départ

Si vous voulez vous libérer au niveau le plus profond des blocages qui vous ont empêché jusque-là de voir s'écouler dans votre vie l'abondance universelle, il est important que vous fassiez la paix avec l'ensemble de vos convictions négatives. Accepter, puis laisser partir avec bienveillance, sans vous dénigrer, tout ce que vous avez pensé de vous-même jusqu'à présent, vous ouvre les portes d'un nouveau départ inspirant. Ce n'est qu'en reconnaissant avec tendresse nos peurs, nos préoccupations et nos doutes, et en cessant de combattre nos ombres, que nous pouvons devenir vraiment libres.

La méthode la plus efficace pour y parvenir est le pardon à soi-même. Nous pardonner à nous-mêmes nous libère de l'exigence d'être parfaits et nous donne les moyens de transformer nos expériences en connaissances précieuses. Chaque nouveau jour qui se lève est l'occasion de décider qui nous voulons être et qui nous ne voulons plus être. Le pardon à soi-même scelle cette transformation à travers la force curative de l'amour.

Toutefois, le pardon n'est pas un acte ponctuel, mais un travail intérieur continu. Avec le temps, vous aurez de moins en moins de difficulté à vous pardonner à vous-même et à pardonner aux autres parce que vous constaterez combien il est libérateur de ne plus vous accrocher aux limitations émotionnelles de l'ego mais, au contraire, d'être dans votre part spirituelle.

Les trois étapes du pardon à soi-même sont :

1. **Reconnaître**
2. **Pardonner**
3. **Prendre un nouveau départ**

Première étape : sélectionnez l'une des convictions qui vous a empêché jusqu'ici de vous créer une vie gratifiante, du style : «Je n'ai pas mérité d'avoir beaucoup d'argent.»

Remontez cette conviction jusqu'à son origine : Quelle a été la première expérience qui a permis à cette conviction de devenir votre réalité ? À qui avez-vous emprunté cette idée à l'origine ? À qui demeurez-vous fidèle en traînant avec vous cette conviction ? Qui vit à travers vous dans cette conviction ? Dans quelle mesure vous a-t-elle servi jusqu'ici dans votre existence ?

Laissez les réponses venir tout naturellement à vous, sans les juger. Chaque conviction est censée avoir une raison positive qui explique pourquoi nous avons choisi de l'adopter. À première vue, cette raison peut sembler difficilement compréhensible, mais si nous remontons la conviction jusqu'à son origine, nous allons constater qu'elle nous a été utile et qu'elle a contribué à consolider notre identité.

Par exemple, vous pouvez vous être dit à l'époque qu'il était plus sécurisant pour vous de ne pas avoir – ou d'avoir peu – d'argent ou avoir partagé les mêmes convictions que vos parents par loyauté. Dès l'instant où nous identifions l'intention positive derrière l'une de nos convictions et comprenons qu'elle a eu son utilité, nous permettons à une nouvelle conviction puissante de s'imposer. Nous pouvons laisser partir l'ancienne sans regret parce qu'elle a rempli son objectif.

Deuxième étape : pardonnez-vous pour la souffrance que cette conviction vous a fait endurer. À l'époque, vous n'en saviez pas autant et vous avez agi avec la meilleure intention du monde. Pardonnez-vous pour vous être coupé de l'abondance universelle, ce qui a compliqué votre vie. En reconnaissant avec honnêteté ce qui a été et en vous demandant pardon, vous faites la paix avec cette croyance périmée et n'emportez ni vieille rancune ni vieux reproches dans votre nouvelle vie.

Pour pratiquer activement le pardon à vous-même, installez-vous devant un miroir, regardez-vous droit dans les yeux et prononcez à voix haute les affirmations suivantes :

« Je me pardonne…

- **De m'être coupé moi-même de l'abondance universelle.**
- **D'avoir cru à tort ne pas mériter de faire l'expérience de la richesse.**
- **De m'être souvent compliqué la vie.**
- **D'avoir cru à tort qu'il était dur et difficile de gagner de l'argent.**

… »

Durant cet exercice, il peut être bénéfique de libérer toute l'énergie réprimée et de pleurer. Cela montre que l'ancien se dissout pour laisser place au nouveau.

Troisième étape : choisissez vos nouvelles convictions, celles qui vont vous aider à vous créer la vie que vous désirez. Vous êtes libéré maintenant, rien ne vous retient plus. Ayez confiance et dites-vous avec certitude que vous allez profiter de l'existence au maximum et pouvoir expérimenter l'abondance dans toutes les sphères, y compris celle de vos finances.

Faites en sorte que vos nouvelles croyances deviennent votre vérité intérieure. Écrivez-les sur une feuille de papier que vous fixez à votre miroir et lisez-les tous les jours à voix haute. Avec votre regard intérieur, voyez comme ces nouvelles convictions vous ouvrent une réalité totalement inédite. Voyez comme vous prenez des décisions de meilleure qualité, avec une énergie et une détermination accrues, voyez comme l'état de gratitude dans lequel vous baignez vous permet d'accueillir l'abondance dans votre vie, voyez comme vous créez de la valeur ajoutée pour les autres avec une facilité déconcertante.

Reliez-vous à l'abondance (Méditation)

Trouvez un siège confortable. Une fois installé, fermez les yeux et effectuez quelques respirations profondes. Puis imaginez que vous vous rendez dans un lieu magnifique, un lieu où vous vous sentez en sécurité et protégé. Regardez autour de vous. Où êtes-vous ? Que voyez-vous ? Que ressentez-vous ? Percevez cet endroit le plus consciemment possible et sentez la force qu'il dégage. Alors que vous observez attentivement votre environnement, vous remarquez soudain quelqu'un, au loin, venir vers vous. Vous regardez cette personne qui s'approche peu à peu de vous, et sentez l'énergie et l'amour qu'elle émane. Lorsqu'elle arrive à votre hauteur, vous la voyez entourée d'une splendide lumière couleur d'or blanc. Cette lumière rayonne d'une clarté si brillante et si pure qu'elle vous enveloppe et que vous sentez sa puissance fabuleuse. La personne qui se tient là, debout devant vous, vous sourit ; vous ne savez pas vraiment qui elle est, mais vous sentez que quelque chose de très particulier vous relie, elle et vous.

Vous lui demandez : « Qui es-tu ? », et elle vous répond, en vous illuminant de sa lumière : « Je suis l'abondance et je suis là pour te rappeler que je t'appartiens. Viens, j'ai quelque chose à te montrer. » L'abondance vous prend la main avec bienveillance et, à cet instant, un pont de lumière apparaît devant vous. Vous vous engagez sur ce pont lumineux et magnifique et, tranquillement, le traversez. À chaque pas, vous vous sentez de plus en plus léger. À mesure que vous avancez, vous voyez des images surgir devant vous. Vous vous voyez vous-même dans votre futur, en train de vous créer une vie d'abondance. Vous voyez les images défiler et, à chaque image que vous traversez, vous sentez se renforcer à l'intérieur de vous ce sentiment d'abondance extrêmement puissant. Vous vous voyez comblé, heureux, épanoui, jouissant d'une belle aisance financière, d'une saine richesse dans votre vie, et en parfait accord avec vos valeurs.

Vous vous voyez faire une différence dans ce monde et, avec ce que vous avez, avec ce que vous pouvez apporter aux autres, faire une différence pour tant d'autres personnes sur cette Terre.

Vous apercevez des gens tenir votre produit dans leurs mains, profiter de ce que vous avez créé. Vous voyez des gens pleinement satisfaits du service que vous leur avez fourni, des gens remplis de reconnaissance envers la formidable valeur ajoutée que vous leur avez apportée. À chaque pas que vous faites sur ce pont, vous sentez grandir la confiance en vous et en vos capacités. D'instant en instant, vous sentez se renforcer cette foi en vous-même et en ce que vous apportez au monde. Vous percevez la joie, le bonheur de tous ces gens.

Plus vous avancez sur ce pont de lumière, plus vous sentez grandir aussi votre joie intérieure. Vous sentez à quel point il est important que vous suiviez votre chemin. Vous êtes capable de voir que ce que vous faites fait la différence. Vous sentez la main de l'abondance dans la vôtre, sa force circuler en vous. Vous sentez à quel point la vie est plus facile avec l'abondance à vos côtés. L'abondance vous sourit à mesure que vous franchissez sereinement ce pont. À chaque nouvelle image qui surgit, vous sentez que vous nagez dans l'opulence et qu'elle peut inonder tout ce qui vous entoure. Vous voyez que vous êtes un canal à travers lequel elle peut circuler. Vous voyez comme il vous est facile d'accepter de l'argent et d'en redonner. Vous faites partie intégrante du grand flux de l'abondance qui peut grossir en circulant à travers vous.

À cet instant, vous comprenez que tout prend naissance à travers vous. L'abondance vous sourit et elle sait que vous avez compris. Vous sentez alors que sa lumière passe en vous et, qu'elle et vous, vous ne faites plus qu'un.

Avec un sentiment de sécurité totale et de force infinie, vous vous retournez et revenez sur vos pas, au début du pont. De là, vous regardez une dernière fois ce pont et toute l'abondance que l'avenir vous réserve, et vous vous reliez à un sentiment profond de paix, de joie anticipée et de certitude que tout est déjà en vous. Vous avez vu la différence que vous pouviez faire pour ce monde lorsque vous vous autorisez à être dans l'abondance et la joie. Vous savez maintenant combien il est important que vous suiviez votre propre chemin, pas seulement pour vous, mais aussi pour tous les autres. Oui, le monde a besoin de vous ! À présent, réorientez votre attention vers votre corps et sentez ce qui se passe à l'intérieur lorsque vous réactivez votre lien avec l'abondance en vous et la certitude qu'à partir de maintenant la richesse peut grandir à travers vous. Souriez-vous de l'intérieur, puis respirez profondément. Dès que vous êtes prêt, rouvrez les yeux et revenez au moment présent.

Passez les commandes de votre petite entreprise à votre part spirituelle et multipliez l'abondance pour tous

Il ne se passe pas un jour sans que je constate avec joie la puissance que j'obtiens en reliant consciemment ma spiritualité à mon business. Je pense même que nous serions considérablement moins stressés et produirions des résultats bien différents si nous donnions davantage de place à la spiritualité dans le monde professionnel. Pas seulement parce que le spirituel détermine le matériel, mais aussi parce que l'intégration de notre propre travail dans un contexte plus large, au-delà de notre petit ego, permettrait d'accroître l'abondance disponible pour l'ensemble des individus.

Pour donner sa place à la spiritualité et la relier au business dans ma vie, j'ai développé trois règles d'or qui représentent les piliers spirituels de mon activité professionnelle. Ces grands principes m'aident à activer des aspects tout neufs de ma force créatrice, à poursuivre mon évolution personnelle et à concrétiser des projets que j'aurais jugés impossibles auparavant. Ces trois piliers sont le *sens*, le *développement spirituel* et l'*abondance*.

Règle d'or n° 1

Je sers mes semblables et je fais gagner toutes les personnes autour de moi

Le premier pilier spirituel consiste à donner un *sens supérieur* à votre entreprise ou à votre activité professionnelle, un « plus » qui dépasse le simple fait d'échanger du temps contre de l'argent. Nous passons une grande partie de notre temps à travailler. Si nous replaçons ce temps dans le contexte d'une signification plus élevée, nous éprouverons une plus grande satisfaction dans notre métier et activerons en nous une force inédite.

Le sens supérieur que j'ai donné à mon travail et à mon entreprise est de créer la plus grande valeur ajoutée possible pour un maximum de personnes. Je souhaite, avec mon travail, leur rendre service, les aider à exprimer leur force créatrice et à se construire une vie d'exception, pleinement satisfaisante. Mon travail n'est pas un travail, il est plutôt une mission à laquelle je m'identifie avec toutes les fibres de mon corps et qui me comble profondément. À chaque décision que je prends, je me demande si elle ne sert que mon ego ou si elle contribue à venir enrichir le sens plus profond de mon travail. Ainsi, je n'ai aucune difficulté à prendre de bonnes décisions et à voir clairement où je vais. Je refuse tout ce qui n'est pas en accord avec le sens de mon travail, préférant me concentrer sur la création de valeur ajoutée.

Notre âme aspire à servir nos semblables ; c'est un moyen pour elle de se sentir reliée et non plus séparée des autres. Votre âme sait que si, grâce à elle, les gens qui vous entourent sont gagnants sur tous les plans et que si vous les aidez à obtenir ce qu'ils désirent, vous serez automatiquement comblé.

Faites gagner les autres à travers vous et avec vous, et vous serez toujours gagnant. Focalisez toute votre attention sur la valeur ajoutée que vous pouvez créer pour les autres et vous sentirez que votre travail prend soudain une valeur et un sens beaucoup plus profonds. Cela ne vaut pas seulement pour vos clients, mais aussi pour vos employés, vos collègues, votre patron, vos fournisseurs et toutes les personnes avec lesquelles vous collaborez. Votre attitude intérieure est l'expression de l'abondance véritable et d'une compréhension profonde de l'interdépendance entre tout ce qui existe dans cet Univers. L'abondance que vous créez pour les autres, vous la créez pour vous-même au même instant.

Veillez à ce que votre présence fasse une différence positive et répétez-vous chaque jour : «Ma présence fait une différence!» Étant donné que votre attitude intérieure ne sert plus la satisfaction des besoins de votre ego mais la valeur ajoutée que vous créez, vous n'aurez plus aucun mal à faire de la publicité pour votre business et à le faire connaître au monde entier. Tous vos doutes sur la qualité ou l'utilité de votre travail («Est-ce assez bien? N'y-a-t-il pas déjà d'autres personnes qui font la même chose que moi?») s'évanouissent parce que vous concentrez toute votre attention sur le meilleur moyen de faire la différence et de faire gagner toutes les personnes que vous aidez. Demandez-vous chaque matin : «Comment les gens peuvent-ils gagner avec moi aujourd'hui?»

Règle d'or n° 2

Mon travail sert mon développement spirituel

Si tant d'individus sont constamment stressés à leur travail et se soumettent eux-mêmes à une terrible pression, c'est parce qu'ils font dépendre leur réussite uniquement du résultat et non des expériences accumulées en cours de route. Ils se concentrent exclusivement sur le but à atteindre et non sur le processus d'évolution. Ils visualisent la destination devant leur regard intérieur et se demandent : «Est-ce que cela va suffire? Est-ce suffisamment bien? Et si j'échoue? Que va-t-il se passer si je ne fais pas ce qu'il faut ? Est-ce que je peux y arriver, vraiment ? »

Et si nous commencions à considérer notre travail comme une véritable et extraordinaire possibilité de développement personnel ? S'il ne s'agissait plus d'obtenir tel ou tel résultat, mais de nous déployer ?

Personnellement, j'utilise consciemment mon travail et ma vocation pour croître spirituellement. À travers eux, je m'autorise à grandir, à me découvrir, à mieux connaître mes forces et mes désirs, alors même qu'ils me confrontent chaque jour à mes peurs et mes doutes. En travaillant, je peux laisser un espace de croissance à mon esprit et à mon âme, et faire exactement ce qui m'inspire.

Alors ne faites plus dépendre votre travail d'un résultat quelconque dans le futur, mais utilisez-le comme un outil de développement personnel continu et adaptable. Concentrez-vous sur ce qui vous inspire, ce qui sert l'évolution de votre esprit. Autorisez-vous à vous tester, à commettre des erreurs et à suivre votre voix intérieure. La perfection entrave la croissance parce qu'elle interdit toute erreur. Partir, démarrer, commencer sont mille fois plus utiles à votre développement personnel et spirituel qu'arriver à destination. C'est en y allant que vous pouvez faire vos expériences et bâtir votre vie, pas à pas. Détachez-vous du besoin de l'ego de vouloir tout contrôler et de faire dépendre votre valeur personnelle de résultats extérieurs.

Faites confiance à cette attitude de disponibilité intérieure qui va vous permettre d'expérimenter le succès à un niveau tout autre et plus profond. Non seulement vous atteindrez vos objectifs de façon beaucoup plus sereine et détendue, mais il est même probable que vous les dépasserez parce que vous laisserez de la place, dans votre vie, à ces petits miracles que l'univers met sur votre chemin. Peu importe le résultat : vous arriverez à destination satisfait parce que vous aurez pris plaisir à suivre ce chemin, et qu'à chaque pas vous vous serez rapproché de vous-même et de votre essence véritable.

Règle d'or n° 3

L'abondance universelle peut se multiplier à travers moi

Depuis sa création, l'Univers est en expansion continuelle. Il ne devient pas plus petit ni moins qu'il était, mais il s'accroît et s'étend de façon ininterrompue. Il crée de nouveaux mondes, de nouvelles galaxies, de nouvelles étoiles, de nouvelles vies et donc davantage d'abondance. C'est dans la nature de l'Univers de créer sans cesse du nouveau qui fait écho en nous. À chaque battement de notre cœur, nous pouvons sentir cet écho et sommes invités à nous relier à notre nature et à la force créatrice universelle en nous. Toutefois, la décision d'utiliser cette force et de l'intégrer à votre processus de création vous revient. C'est toujours à vous de choisir de créer à partir de votre ego ou, au contraire, en accord avec votre part spirituelle. Plus vous aurez conscience de la volonté de l'abondance de se multiplier à travers vous, plus il vous sera facile de vous considérer comme un canal à travers lequel elle peut s'écouler. Votre activité professionnelle constitue une formidable opportunité de croissance de l'abondance pour tous les êtres humains, y compris pour vous-même. L'abondance sous forme de valeur ajoutée apportée dans la vie des autres, sous forme d'argent donné aux autres pour leur travail et sous forme de gratitude, d'estime et d'argent que vous recevez en retour.

Lorsque vous suivez déjà les deux premières règles d'or, vous avez posé les bases d'une activité professionnelle couronnée de succès et épanouissante. Cette troisième règle doit vous servir à pérenniser votre réussite et votre satisfaction, et à développer votre activité.

Dites-vous bien que l'Univers n'a que faire de l'envergure de vos objectifs professionnels; il se moque de savoir s'ils sont grands ou petits car, à son échelle, le grand et le petit n'existent pas. Seule existe la force créatrice. L'Univers vous soutient dans tous vos souhaits et fait advenir vos désirs, à condition que vous sachiez clairement ce que vous voulez et ce dont vous avez besoin pour l'obtenir. Plus vous serez au clair sur ce que vous souhaitez et pourquoi, moins vous aurez de difficulté à investir votre force créatrice dans la satisfaction de vos désirs. Vous êtes capable de laisser l'abondance financière dont vous rêvez jaillir à travers vous si vous lui donnez un sens et l'autorisez à affluer.

À cet effet, prenez un crayon, ouvrez une nouvelle page dans votre carnet de notes et écrivez précisément combien vous voulez gagner et dans quel délai. Par exemple, notez : « Je gagne 80 000 euros ou plus au 15 septembre 2020. » Cette somme doit se situer bien au-delà de votre zone de confort et servir de tout nouveau critère de référence à votre vie. Plus elle sera éloignée de votre zone de confort, mieux ce sera, car le chemin que vous prendrez pour réaliser cet objectif va activer en vous un énorme potentiel créateur dont vous ne soupçonniez même pas l'existence. Vous allez être contraint, au sens positif du terme, de devenir créatif et d'envisager des possibilités qui n'existaient absolument pas dans votre conscience jusque-là.

Après avoir écrit pour la première fois mes objectifs financiers dans mon carnet, j'ai pris le temps de la réflexion, puis noté trente moyens possibles de gagner cet argent. Cela m'a non seulement procuré un plaisir incroyable, mais aussi montré qu'il existait une multitude de voies différentes et que je n'avais qu'à les tester l'une après l'autre. Vous avez des possibilités infinies de faire couler l'argent dans votre vie. Mais tant que vous vous limitez (en vous disant, par exemple : « Je ne peux gagner de l'argent que par mon salaire »), vous vous bouchez d'autres horizons possibles. Tout ce que l'Univers vous demande, c'est de créer une véritable valeur ajoutée pour quelqu'un d'autre et de vous ouvrir à l'idée que l'argent peut venir à vous de mille et une façons possibles.

Mais il vous faut une raison de vouloir voir l'argent affluer dans votre existence. L'argent doit servir un but de vie. Si vous vous contentez d'écrire la somme désirée sur un papier, vous ne mettrez rien en marche dans l'Univers. Il ne s'agira que de quelques chiffres, énergétiquement vides, sans force créatrice, jetés sur un bout de papier. Si vous voulez charger cette somme d'énergie pour en faire un aimant dans votre vie, vous devez y associer un Pourquoi émotionnel très fort. Pourquoi voulez-vous gagner cette somme ? Que voulez-vous faire de cet argent ? Dans quel but voulez-vous l'utiliser ? À quelle formation supplémentaire vous servira-t-il ? Quels ouvrages voulez-vous vous acheter ? Où voulez-vous aller en vacances avec votre famille ? Quelle entreprise voulez-vous fonder avec cette somme ? À quoi voulez-vous la dépenser ? À qui voulez-vous faire plaisir ?

Alors maintenant, notez par écrit pourquoi vous souhaitez gagner cet argent. Par exemple : « Je vais utiliser cette somme d'argent pour… »

- **Recruter une assistante, ce qui me permettra d'avoir plus de temps pour de nouveaux projets.**
- **Recruter un développeur de sites Web qui va optimiser mon site pour permettre à mes clients de mieux y naviguer.**
- **Partir en vacances avec ma famille et me détendre au maximum.**
- **Faire don de 10000 euros à un organisme qui s'occupe des enfants orphelins.**
- **Placer 10000 euros qui assureront mon autonomie financière.**
- **…»**

Depuis que j'écris tous les jours mes objectifs avec précision, j'ai presque multiplié par quatre mon chiffre d'affaires annuel et toujours gagné beaucoup plus au final que la somme que j'avais notée au départ. Et ce, même en ayant noté une somme bien supérieure à ma zone de confort. Cette habitude m'aide à rester concentrée sur ce que j'ai envie de manifester, à inviter l'abondance dans ma vie et à lui permettre de se multiplier à travers moi. Certes, l'argent en soi ne fait pas le bonheur, mais il constitue un moyen d'atteindre vos objectifs et il peut vous aider à concrétiser la vision de votre projet de vie, ainsi qu'à faire affluer l'abondance dans votre existence et celle des autres. Vous n'avez aucune raison de vous refuser cette richesse, car cela reviendrait à refuser de laisser se manifester une part totalement naturelle de vous-même. Vous méritez d'être soutenu financièrement et de vivre dans l'abondance pour le travail précieux que vous apportez au monde.

Mes remarques et mes conclusions :

....

....

....

....

....

....

....

....

....

....

....

....

....

....

....
....
....
....
....
....
....
....
....
....
....
....
....
....
....
....
....
....
....
....
....
....

La Déclaration de votre part spirituelle : votre boussole intérieure

Vous avez certainement déjà entendu parler de l'allégorie de la Caverne de Platon. Le philosophe raconte que des hommes sont assis, enchaînés, dans une caverne. Ils tournent le dos à l'entrée et ne peuvent voir que leurs propres ombres projetées devant eux, sur les murs, par un feu allumé derrière eux. Un jour, l'un des prisonniers réussit à sortir de la caverne et découvre le chemin de la liberté. Mais il est aveuglé et se sent dépassé, car c'est la première fois qu'il voit la lumière du soleil briller et le vaste monde s'étendre devant lui. Rempli de joie et d'enthousiasme, il retourne dans la caverne pour parler à ses compagnons de son expérience. Mais les autres ne comprennent absolument pas de quoi il parle, se moquent de lui et continuent de regarder fixement le mur devant eux.

La plupart des êtres humains se comportent comme ces hommes enchaînés, sans même qu'il existe réellement une caverne. Ils vivent dans la caverne de leurs propres représentations mentales, prisonniers de leurs convictions, de ce qu'ils croient être, de ce qu'ils jugent possible ou impossible. Ils se racontent sans cesse les mêmes histoires jusqu'à y croire dur comme fer et ne plus pouvoir penser qu'il existe aussi un autre monde, un monde libre, lumineux et rempli d'opportunités. Ils passent leur vie à demeurer l'ombre d'eux-mêmes alors qu'il leur suffirait de se lever et d'ouvrir vraiment les yeux pour comprendre la vie d'exception qu'ils pourraient se créer. Car la vie peut être aussi colorée, aussi variée, aussi lumineuse et gratifiante que nous le souhaitons, à condition de nous l'autoriser. Les sept blocages énergétiques de votre force créatrice dont je vous ai parlé au chapitre 2 correspondent précisément à cette caverne qui vous emprisonne parce que vous accordez davantage de crédit à vos pensées réductrices et à vos limites sclérosantes qu'à la voix de votre cœur ; de plus, au cours de votre vie, vous avez tendance à adopter les croyances limitatives des autres sans les avoir testées vous-même.

La voix de votre part spirituelle

Si vous voulez vraiment quitter cette caverne et voir le monde avec un regard neuf, vous devez transformer votre perception de vous-même.

Tel un révolutionnaire, vous devez remettre en question votre *statu quo* intérieur et vos convictions sur ce qu'il convient ou ne convient pas d'être ou de faire. Sortir de la caverne et de vos illusions. Les hommes n'ont-ils pas cru pendant des lustres que la Terre était plate ? Et si ce que vous connaissiez de vous-même pour l'instant n'était qu'une infime partie de votre potentiel intérieur ? Et qu'adviendrait-il si vous vous libériez de toutes vos barrières ?

Vous pouvez assimiler cette auto-libération mentale et émotionnelle à une cure de désintoxication de votre âme : vous éliminez de votre conscience tout ce qui lui est négatif et toxique. J'appelle cette cure de désintoxication la *Déclaration de votre part spirituelle*. Il s'agit d'un accord que vous passez avec vous-même sur la vie que vous voudriez vous créer et sur ce que vous jugez possible – indépendamment de ce que vous disent les autres. Cette déclaration vis-à-vis de vous-même vous permet d'être parfaitement au clair sur le chemin que vous voulez suivre sans jamais vous laisser déstabiliser par l'extérieur. Vous vous construisez une solide image intérieure de vos principes de vie, de vos valeurs, de votre climat intérieur favori, ainsi que de vos objectifs; telle une boussole, cette image interne va vous permettre de vous orienter correctement sans jamais perdre votre nord à vous.

La Déclaration de votre part spirituelle repose sur un processus en quatre étapes particulièrement efficace que j'ai développé moi-même pour m'orienter dans ma propre vie. Elle est fondée sur la fleur de vie, une figure géométrique issue de la nuit des temps qui symbolise l'harmonie et l'ordre parfaits, et contient toutes les dimensions de l'existence. Imaginez que vous avez un gabarit que vous pouvez poser sur votre vie pour vérifier par vous-même que vous vous créez exactement celle de nature à vous apporter bonheur, joie et harmonie. Ne serait-ce pas formidable? Cela ne vous simplifierait-il pas bien des choses? Pour chaque décision importante que vous envisagez de prendre, vous pourriez vous munir de la Déclaration de votre part spirituelle et vérifier que votre décision est parfaitement en accord avec ce qu'elle stipule, ce qui vous permettrait de déterminer quels objectifs sont en harmonie ou, au contraire, en désaccord avec votre chemin de vie.

Comment rédiger la Déclaration de votre part spirituelle?

ÉTAPE 1 : Quel est votre climat intérieur favori?

Toutes nos actions n'ont qu'un seul but : celui de vouloir nous faire éprouver un état particulier. Nous voulons nous sentir bien dans notre peau, aimés, valables, reconnus, vivants ou en paix. Ce sont nos sentiments et nos émotions qui déterminent notre qualité de vie. Lorsque nous ne nous sentons pas bien intérieurement, la vie ne nous apparaît pas sous un jour positif. En revanche, lorsque nous nous sentons en paix avec nous-mêmes et avec le monde qui nous entoure, lorsque nous savons que nous sommes estimables, aimés ou appréciés, la vie prend soudain à nos yeux une légèreté et une simplicité merveilleuses, ce qui nous permet de mobiliser notre énergie pour créer ce que nous avons envie d'apporter au monde. Naturellement, cela ne veut pas dire que le but de l'existence soit de se sentir toujours bien.

La voix de votre part spirituelle

C'est souvent dans nos heures les plus sombres que nous trouvons notre lumière et nos sentiments négatifs constituent, eux aussi, un aspect important de notre vie.

Toutefois, savoir quel climat intérieur vous avez réellement envie d'éprouver en poursuivant vos objectifs vous aide, d'une part à vivre vos émotions et vos sentiments favoris dès maintenant et en toute conscience, d'autre part à ne plus être obligé de contrôler vos objectifs et à vous détacher du résultat final puisque l'objectif émotionnel – vous sentir bien – qui se cache derrière le but à atteindre est déjà présent dans votre vie. Vous vous autorisez alors à vous épanouir dans un climat intérieur considérablement plus positif et plus serein.

La première étape de la Déclaration de votre part spirituelle est donc de prendre conscience des sentiments et des émotions auxquels vous désirez laisser plus de place dans votre vie. Comment voulez-vous vous sentir ? Quel est le climat intérieur, émotionnel et affectif, qui vous permettrait de vous épanouir et d'évoluer avec une confiance totale ?

Genèse de la Déclaration de votre part spirituelle

Fleur de vie

Déclaration de votre part spirituelle

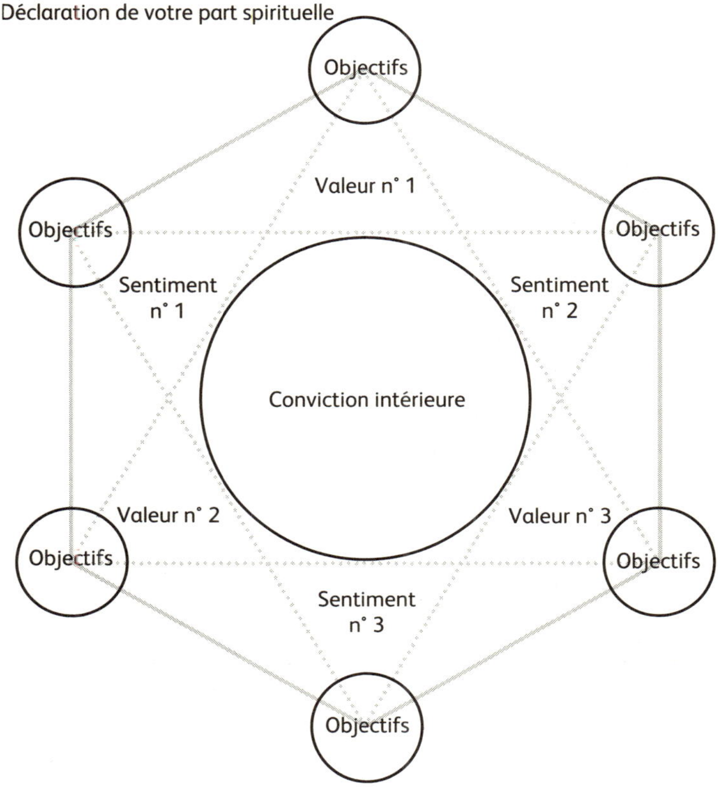

Quels sont vos trois sentiments favoris ?

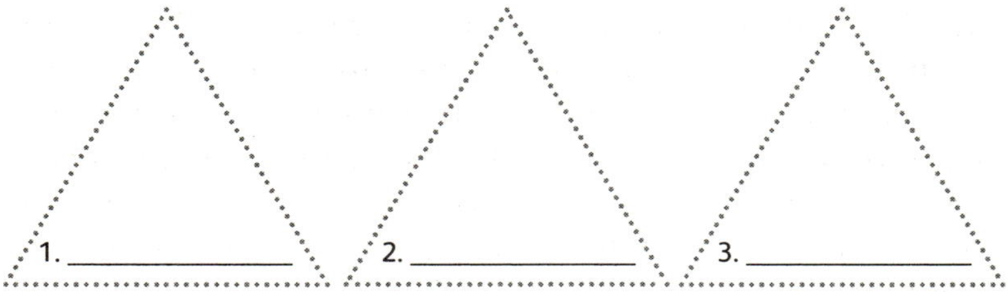

Définir mes sentiments favoris

ÉTAPE 2 : Quelles sont les valeurs selon lesquelles vous voulez vous diriger ?

Nos valeurs sont notre boussole intérieure pour nous diriger dans la vie. Malheureusement, ce que je constate régulièrement chez les personnes que je côtoie, c'est que leur boussole n'est pas orientée vers la vie qu'elles désirent vivre profondément, mais vers la vie qu'elles pensent devoir vivre. Sans le savoir, elles sont le théâtre d'un conflit de valeurs permanent à l'intérieur d'elles-mêmes. Elles essaient de se créer une vie réussie basée sur des valeurs apprises et, par exemple, d'avoir un boulot « sûr », de ne pas gagner trop par mois parce que « l'argent pervertit le caractère », de se comporter de telle ou telle manière, de donner telle ou telle image d'elles-mêmes, etc. Elles ne font pas dépendre leur bonheur de la voix de leur cœur, mais de valeurs extérieures acquises.

Alors que la réussite et le sentiment d'accomplissement personnel peuvent être obtenus par des manières infiniment diverses et qu'il n'existe pas un seul chemin valable pour tous. La véritable réussite ne consiste-t-elle pas à vivre selon ses valeurs personnelles, à développer pleinement son potentiel unique et à vivre consciemment dans l'ici et maintenant ? Et si, à partir de maintenant, vous décidiez de vivre en accord avec des valeurs telles que l'amour, la compassion, la croissance intérieure, la simplicité, la légèreté, la joie, la vérité ou l'abondance ?

L'Univers est infiniment riche de possibilités à vous offrir, il vous propose mille et une façons de vivre votre vie. La véritable réussite signifie avant tout la possibilité de mener une existence riche de sens, propre à nourrir l'âme, où l'abondance intérieure détermine l'abondance extérieure, et non l'inverse. Par conséquent, vous devez faire émerger dans votre vie tout ce que vous avez envie de voir apparaître et de nature à répondre à votre propre définition de la réussite.

C'est pourquoi la deuxième étape de la Déclaration de votre part spirituelle consiste à prendre conscience de vos trois valeurs fondamentales.

Quelles sont les trois valeurs qui, selon vous, sont l'expression d'une vie gratifiante, épanouissante, riche de sens et réussie ?

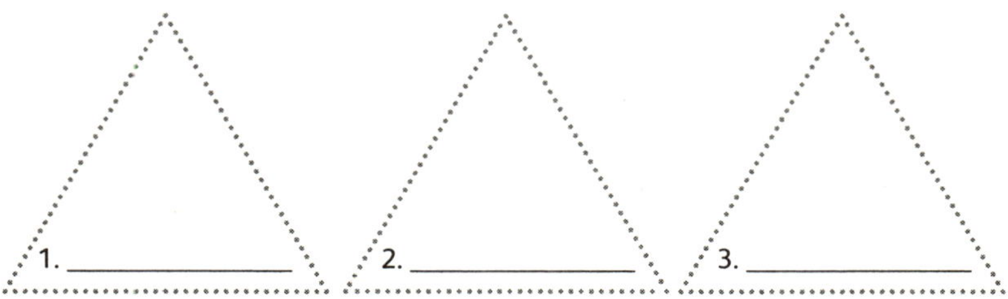

Définir mes valeurs

ÉTAPE 3 : Quels sont les objectifs qui vous aident à exprimer précisément vos valeurs et votre climat intérieur favori ?

Si la Déclaration de votre part spirituelle est si efficace, c'est parce qu'elle fait découler vos objectifs personnels de votre climat intérieur favori et de vos valeurs, et non l'inverse. Les objectifs vous servent à créer davantage de ce que vous désirez dans votre vie et à renforcer ce qui est important à vos yeux. Ils ne sont pas façonnés par des attentes ou des définitions du succès extérieures qui n'ont peut-être rien à voir avec votre conception d'une vie satisfaisante.

La troisième étape consiste donc à définir quels sont les objectifs qui vous aident à vivre vos valeurs et votre climat intérieur de prédilection. Vous pouvez formuler jusqu'à six objectifs. Inspirez-vous ici de la vision de votre projet de vie élaborée au chapitre 1.

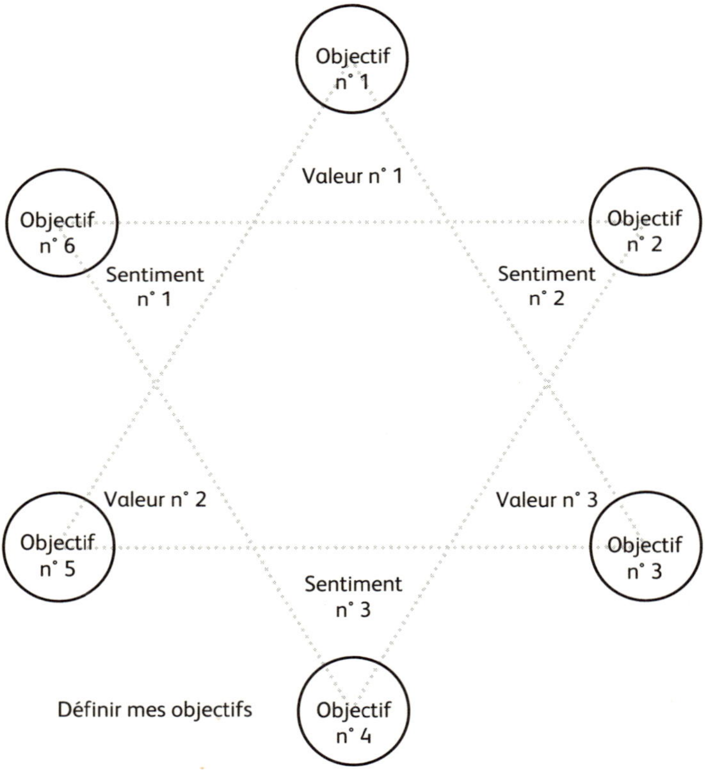

Définir mes objectifs

Quels sont les objectifs qui vous permettent d'exprimer cette vision et votre essence véritable ? Ceux qui vous inspirent vraiment et réveillent votre lumière intérieure ? Les seuls paramètres dont vous devez tenir compte pour formuler vos objectifs personnels sont vos valeurs et vos sentiments propres, et en aucun cas des opinions, des limites ou des attentes extérieures. Où avez-vous envie de voyager ? Quelles relations aimeriez-vous entretenir avec les gens ? De quelle quantité de temps libre aimeriez-vous disposer ? Comment aimeriez-vous vivre ? Comment voudriez-vous vous sentir physiquement ? Combien d'argent aimeriez-vous gagner ? Que voudriez-vous créer ? Quelle valeur ajoutée voudriez-vous apporter au monde ? Qu'est-ce qui peut, et doit, surgir de neuf à travers vous ?

Autorisez-vous à vous créer la vie et les objectifs qui correspondent à vos désirs profonds, ceux qui sont en harmonie avec vos valeurs et votre climat intérieur privilégié.

ÉTAPE 4 : Quelles sont les convictions intérieures fondamentales qui vous permettent de mener une vie en accord avec vos sentiments favoris, vos valeurs et vos objectifs ?

Si vous observez la Déclaration de votre part spirituelle, vous remarquez que le centre de la fleur est encore vide. Le centre représente votre monde intérieur. Il symbolise les principes et les convictions que vous devez renforcer en vous pour vous créer une vie basée sur vos représentations personnelles, ainsi que pour vous sentir en sécurité à l'intérieur de vous et sur votre chemin. En rédigeant votre propre Déclaration intérieure, vous devez affirmer qui vous êtes, votre façon de penser, les convictions selon lesquelles vous avez envie de vivre et ce que doit exprimer votre existence.

La question sur laquelle repose le centre de votre Déclaration est la suivante :

Comment devrais-je me penser et penser ma vie pour me créer exactement l'existence dont je rêve ? Quelles sont les convictions intérieures fondamentales qui doivent me guider dans la concrétisation de ce rêve ?

Voici un exemple de Déclaration possible :

« Je suis la grande créatrice de ma vie. Mes valeurs – l'amour, la joie et la simplicité – me montrent le chemin.

Chaque jour qui passe me sert à exprimer mes sentiments favoris et me permet de vivre selon ma propre définition de la réussite. Je sais que mon monde extérieur est toujours le reflet de mon monde intérieur, c'est pourquoi je me crée un monde puissant, paisible et bienveillant à l'intérieur de moi. Je remets en question les limites et les jugements de valeur des autres, car je sais que rien ne peut m'arrêter, hormis mes propres croyances et convictions intérieures. C'est pourquoi je choisis de mener une vie fondée sur mes propres principes et représentations personnelles, où je peux suivre mes rêves et où les erreurs sont au service de mon évolution. Je crois en moi et en ma force créatrice, et je fais rayonner ma lumière dans le monde de sorte qu'au moment de le quitter, il m'apparaisse en meilleur

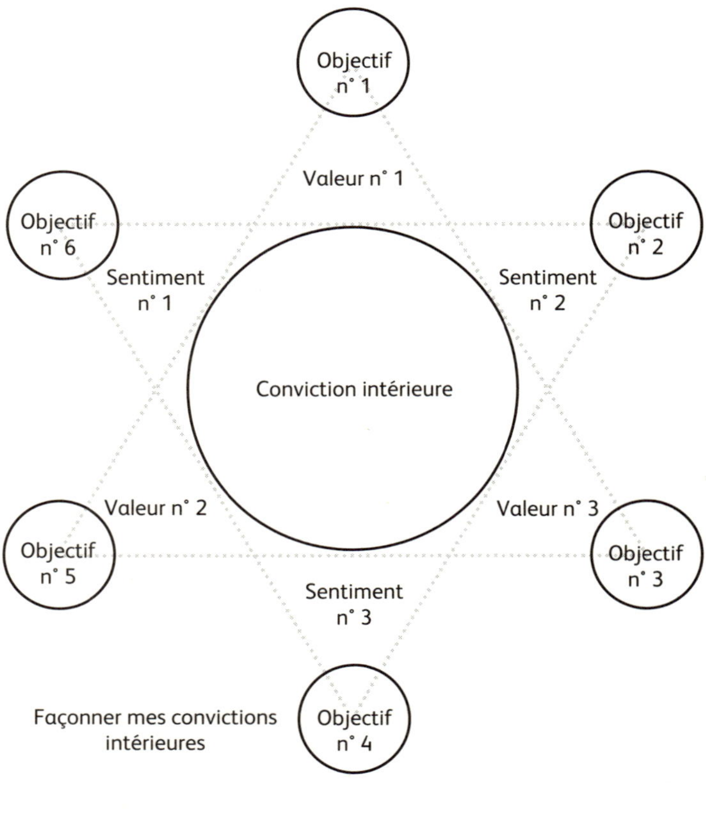

Façonner mes convictions intérieures

état que je ne l'ai trouvé. Je choisis de faire de ma vie l'expression de l'amour, d'ouvrir mon cœur chaque jour, en toute conscience, et d'embrasser la vie en rayonnant de l'intérieur. Je m'engage à créer une version authentique et originale de mon existence et à faire confiance à la voix de mon cœur. »

Comment utiliser la Déclaration de votre part spirituelle au quotidien

La Déclaration de votre part spirituelle ne peut exprimer toute sa force dans votre vie que si vous l'appliquez activement. Et le meilleur moyen d'en tirer profit est de l'associer à de la visualisation créatrice. Votre inconscient a besoin d'images puissantes liées à des émotions fortes pour renforcer votre détermination à suivre votre chemin et vous détourner de vos vieux schémas programmés. Des émotions positives associées à vos objectifs personnels le poussent à passer à l'action. La visualisation créatrice est un outil formidable que j'utilise tous les matins pour concentrer toute mon attention sur mon chemin de vie.

Pour la pratiquer, asseyez-vous confortablement, munissez-vous de la Déclaration de votre part spirituelle et lisez-la à haute voix. Puis levez vos yeux quelques instants, juste vos yeux, comme si vous vouliez regarder vos sourcils. Inspirez profondément et, à la prochaine expiration, fermez les yeux pour détendre vos globes oculaires. Maintenant, essayez de relâcher tous vos muscles et imaginez que vous arrivez dans un lieu intérieur paisible où vous vous sentez parfaitement bien et en sécurité. À partir de cet endroit et du profond relâchement intérieur, particulièrement agréable, que vous éprouvez, observez-vous en train de vous créer une journée en accord avec la Déclaration de votre part spirituelle. Parcourez mentalement l'ensemble de la journée à venir, comme si vous faisiez se dérouler un film devant votre regard intérieur. Puis activez vos cinq sens. Sentez, goûtez, regardez, touchez et écoutez votre journée.

Observez-vous en train de prendre des décisions efficaces en harmonie avec vos valeurs, de vous engager vis-à-vis de vous-même, de vous montrer bienveillant envers vous-même et les autres personnes que vous rencontrez. Sentez le bien-être que vous éprouvez en prenant des mesures très concrètes pour réaliser vos objectifs, sentez la confiance en vous-même et en votre chemin grandir en vous peu à peu, sentez comme tout ce dont vous avez besoin est déjà en vous. Regardez-vous en train de vivre cette journée dans la joie, la légèreté et la simplicité, observez la magnifique lumière chaude et dorée qui vous entoure, vous protège et vous renforce. Pendant que vous voyez votre journée défiler devant votre regard intérieur, sentez monter en vous un sentiment profond d'amour et de paix. Il n'est pas force plus transformatrice que l'amour. Sentez sa puissance circuler à travers tout votre corps, voyez et sentez comme vous vous aimez davantage, et plus profondément, d'instant en instant et, comme cela vous permet de renforcer aussi votre amour des autres. Plus vous vous aimez, mieux vous pouvez reconnaître vos réussites et celles des autres. Voyez comme vous vous autorisez à célébrer vos succès. Vous l'avez mérité. Vous avez le droit de vous autocélébrer, ainsi que d'aimer et de célébrer votre existence. Vivez ces émotions au présent, laissez l'amour et la joie remplir chaque cellule de votre corps. Après avoir visualisé l'ensemble de votre journée jusqu'au soir, restez quelques minutes dans ce sentiment magnifique de confiance en la vie, en votre vie, et remerciez la journée de toutes les opportunités, de tous les petits miracles qu'elle vous a réservés. Dites merci de faire partie intégrante de ce miracle qu'est la vie, et faites grandir en vous un sentiment de gratitude et d'abondance dans votre existence. Envoyez un sourire dans votre monde intérieur, puis inspirez et expirez à fond. Lorsque vous êtes prêt, rouvrez les yeux, prenez un papier et un crayon, et notez les principales mesures à prendre aujourd'hui pour vous créer exactement la journée que vous venez de visualiser.

Exemple de Déclaration de la part spirituelle

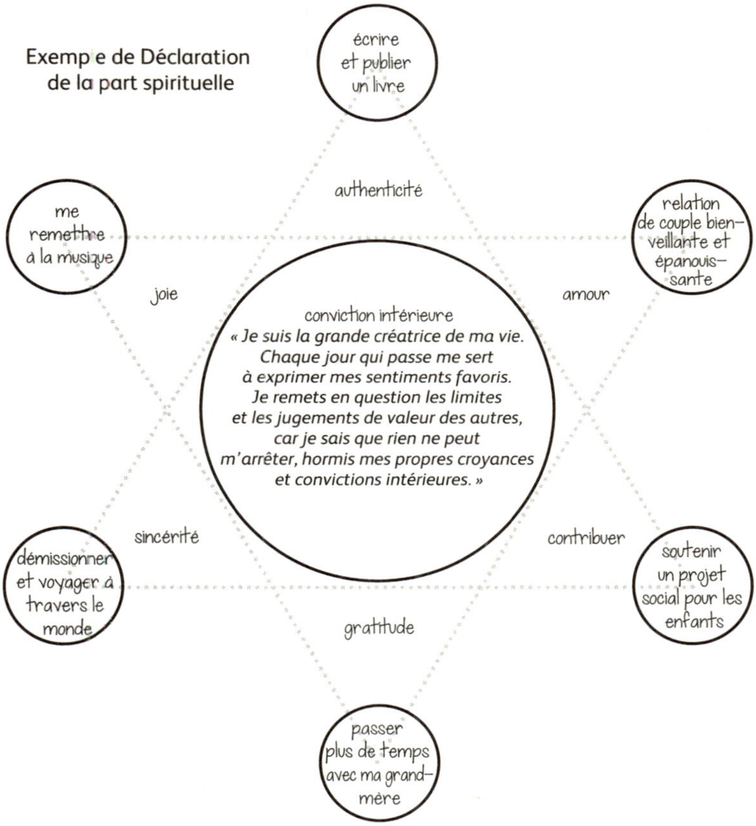

Mes remarques et mes conclusions :

....

....

....

....

....

....

....

....

....

....

....

....

....

....

....

....

....

....

....

....

Créez en accord avec les lois de l'Univers

Ma vie a été un combat jusqu'au jour où je me suis aperçue que ce combat ne m'était pas imposé par la vie, mais par moi-même. Je me compliquais l'existence parce que je luttais constamment contre quelque chose en moi au lieu de lâcher prise pour permettre à du neuf d'émerger. Je luttais contre mes peurs, contre mes doutes, contre le sentiment d'être séparée et contre la personne que j'étais. J'ai aspiré pendant si longtemps à être quelqu'un qui n'avait pas de problèmes ni de doutes intérieurs. Je voulais être heureuse et épanouie, mais je concentrais mon attention uniquement sur tout ce que je n'avais pas et que je croyais qui me manquait, sur mes lacunes et mes imperfections, sur tout ce dont j'avais peur. Je ne voyais que le manque, je me fourvoyais régulièrement dans des relations malsaines qui le creusaient encore davantage, et j'avais l'impression que la vie était un lieu injuste où l'on éprouvait beaucoup trop de souffrance. Chaque jour, en refusant de me concentrer sur autre chose, je renforçais ce sentiment de manque intérieur.

La première fois que j'ai pris conscience, à un niveau intérieur profond, que ces expériences malheureuses n'avaient rien à voir avec la vie ni les personnes que je rencontrais, mais uniquement avec ma perception de l'existence et ce sur quoi je me focalisais, je sortais justement d'une relation amoureuse particulièrement malsaine.

J'étais face à une énorme pagaille émotionnelle à l'intérieur de moi et je n'étais tout simplement plus disposée à aller de catastrophe en catastrophe. C'était la goutte qui avait fait déborder le vase et je sentais intuitivement que cette crise recelait un cadeau : pouvoir me redécouvrir. À cet instant, je me suis dit que, soit je devais vraiment changer quelque chose en moi, soit j'allais continuer à produire indéfiniment dans ma vie les mêmes tragédies. Lorsque j'ai pris conscience de cette vérité, j'ai senti s'effondrer dans chaque cellule de mon corps les murs que j'avais dressés autour de mon cœur et éclater la tempête de la libération intérieure. J'ai vu soudain que la souffrance était un choix que j'avais fait et que, désormais, je pouvais en faire un autre. J'ai senti cette vérité profonde que j'avais le pouvoir de me créer une vie d'amour et d'abondance, et que si je m'accrochais à ma souffrance, c'était pur choix de ma part. Autrement dit, la clé de la délivrance était en moi, rien qu'en moi.

La voix de votre part spirituelle

Quittez le mauvais chemin que vous avez pris de votre plein gré et créez votre vie en accord avec les lois de l'Univers.

Cette crise intérieure fut le point de départ de mon propre chemin spirituel et, à partir de là, je me suis formée auprès de tous les grands maîtres spirituels dont j'ai pu croiser la route. J'ai étudié l'ouvrage métaphysique *Un cours en miracles*, je me suis mise à pratiquer régulièrement la méditation et j'ai plongé de plus en plus profondément dans le monde de la spiritualité. Peu à peu, j'ai retrouvé ma vraie force, je me suis détournée de la peur pour réorienter mon attention vers l'amour et je suis entrée en contact avec ma force créatrice. J'ai transformé ma vie de A à Z, j'ai laissé derrière moi les relations qui ne m'apportaient rien de bon, je me suis accordé beaucoup de temps pour moi et j'ai essayé d'agir de plus en plus en harmonie avec les lois de l'Univers.

Pour clôturer ce livre, je souhaitais partager avec vous la puissance de ces lois spirituelles de l'Univers car j'ai pu constater, dans ma propre vie, leur force d'action et le soutien incroyable qu'elles m'ont procuré dans mon processus de développement personnel. Elles agissent comme un guide spirituel intérieur qui va vous aider à revenir au centre de votre être et à avoir conscience de la présence immuable, à chaque instant, d'une force bienveillante qui vous montre le chemin si vous vous ouvrez à elle.

Les sept lois universelles agissent constamment et partout, sans exception, que nous soyons conscients de leur existence ou non. C'est l'énergie universelle à l'œuvre derrière tout ce qui existe et qui préserve l'ordre du cosmos. Lorsque nous créons en conscience et en parfait accord avec cette force, une magie incroyable se déploie dans notre vie. Les sept lois naturelles de l'Univers sont également appelées principes hermétiques. Leurs premières traces remontent à l'Égypte ancienne et elles renferment, entre autres, les mystères de l'alchimie mentale – c'est-à-dire notre faculté de transformer la vibration de nos propres pensées et donc de la réalité.

La connaissance et l'application de ces sept lois naturelles de l'Univers vont vous permettre de vous créer en toute simplicité une existence remplie d'amour et d'harmonie. Pourquoi? Parce que, grâce à elles, vous allez pouvoir entrer en harmonie parfaite avec la vibration universelle de l'amour. Dès lors, vous allez plonger et vous laisser emporter dans le grand courant du cosmos au lieu de nager à contre-courant, et votre vie sera portée par une force invisible. Nous cherchons toujours à résoudre nos problèmes sur le plan où ils sont apparus, c'est-à-dire sur le plan de la matière, de ce qui s'est déjà solidifié, cristallisé. Vouloir résoudre nos difficultés et changer les choses à ce niveau, non seulement nous épuise, mais tend aussi à aggraver le problème. Alors que diriez-vous de commencer à résoudre vos difficultés à un autre niveau – le niveau énergétique ? Que diriez-vous d'appliquer consciemment les lois de l'Univers dans votre vie pour faire en sorte que l'amour et l'abondance deviennent votre état naturel ?

Les sept lois naturelles de l'Univers sont :

1. **La loi de l'esprit**
2. **La loi de l'analogie**
3. **La loi de la vibration**
4. **La loi de la polarité**
5. **La loi du rythme**
6. **La loi de cause à effet**
7. **La loi du genre**

À partir de maintenant, vous pouvez cesser de lutter contre vous-même et contre la force qui vous habite pour chercher, au contraire, à l'accueillir avec bienveillance, à l'apprivoiser et à la prendre dans vos bras, et vous mettre à danser avec l'Univers. Dès l'instant où vous créez votre existence en parfait accord avec ces lois et collaborez avec l'Univers, votre vie prend aussitôt une tout autre dimension.

1. Loi de l'esprit

« Le Tout est Esprit, l'Univers est mental. »

Le Kybalion

Ce principe signifie que tout, dans l'Univers, est soumis à un esprit créateur qu'on peut tout aussi bien appeler Dieu, Amour, Univers, Intelligence ou Créativité pure. C'est la force qui pénètre et anime tout ce qui existe, qui initie toutes les transformations. Le Tout est ce qui contient tout mais demeure immuable, tel un contenant dont le contenu peut changer. Tout ce qu'on peut qualifier de matériel dans la vie n'existe que par le mental et le spirituel. Sans l'esprit, rien n'existerait. Cette force est aussi à l'intérieur de vous. Car c'est la force de vos pensées qui détermine l'Univers que vous percevez. Ce que vous pensez constamment, et qui n'est rien d'autre que de l'énergie subtile concentrée sur une réalité donnée, finit par se manifester concrètement dans le monde réel. Ce dont vous êtes convaincu est nécessairement appelé à se matérialiser dans votre existence.

Comment pouvez-vous tirer profit de la connaissance de cette première loi dans votre vie quotidienne ? D'abord en vous disant que cette force créatrice infinie est présente en vous comme dans tout ce qui existe, et que vous n'êtes pas livré, impuissant, à votre vie, mais avez les moyens de la façonner activement et consciemment selon vos propres représentations mentales. Vous créez votre réalité avec votre esprit, et non l'inverse. Vous n'avez besoin de rien d'autre que de la force de vos pensées pour être capable de créer quelque chose. Cette force créatrice est à la base de tout.

La voix de votre part spirituelle

Vous n'êtes pas livré, impuissant, à la vie. Vous êtes habité par une force créatrice infinie que vous pouvez utiliser pour vous forger votre destinée.

Ensuite, vous pouvez tirer parti de cette connaissance pour faire de votre vie votre propre chef-d'œuvre et décider vous-même de ce à quoi vous voulez qu'elle ressemble au final. Vous pouvez commencer à laisser circuler la magie de votre force créatrice dans chacune des sphères de votre existence. Imaginez votre activité professionnelle se transformer dès l'instant où vous laissez tomber vos barrières mentales et rendez possible l'impossible en comprenant qu'il s'agit de trouver la solution au niveau du subtil, puis de la transposer sur le plan matériel. Soudain, votre travail ne sera plus du travail et chaque jour deviendra une pure magie. Imaginez-vous en train de parcourir votre vie avec sérénité et confiance totale parce que vous savez intimement qu'il ne vous manquera jamais rien si vous êtes conscient de votre capacité à attirer dans votre vie toutes les ressources dont vous avez besoin. Par exemple, vous n'avez pas besoin d'argent pour gagner de l'argent – vous n'avez besoin que de votre potentiel mental, créateur, pour vous fournir toutes les solutions et toutes les idées nécessaires à la création d'une valeur ajoutée pour les autres, laquelle vous vaudra de l'argent en retour. Débarrassez-vous des pensées qui vous limitent dans vos possibilités. Bannissez la phrase « Ça ne va pas » de votre système et commencez à accueillir pleinement votre force créatrice, la seule capable d'activer en vous un potentiel illimité.

2. Loi de l'analogie

« Ce qui est en haut est comme ce qui est en bas ;
ce qui est en bas est comme ce qui est en haut. »

■ Le Kybalion

Cette loi, appelée aussi loi de la correspondance, englobe la connaissance des trois plans de l'existence – physique, mental et spirituel – qui ne se distinguent que par leur vibration. La matière est ce qui vibre le plus lentement, d'où son état solide, tandis que l'esprit est ce qui vibre le plus rapidement, ce qui le rend subtil et insaisissable. Les lois universelles agissent à égalité sur ces trois plans.

La loi de l'analogie nous montre que l'intérieur reflète toujours l'extérieur et inversement. Les convictions que nous portons à l'intérieur de nous-mêmes vont se refléter à l'extérieur et nos expériences extérieures vont renforcer nos convictions intérieures. Nous attirons toujours dans notre vie ce qui correspond à ce que nous attendons ou anticipons. Du coup, nous allons recevoir ce qui correspond à ce que nous avons donné. Si vous apportez de la joie, de l'amour, de la légèreté et de la simplicité dans le monde, vous allez en recevoir dans votre vie. Si vous apportez de la souffrance, de la haine et des peurs dans le monde, vous allez les voir revenir vers vous en vertu de la loi de l'analogie. La vie ne peut pas vous offrir ce que vous ne lui offrez pas. Si vous lui donnez, vous allez recevoir d'elle. Si vous êtes convaincu que ce sont d'abord les conditions extérieures qui doivent changer pour vous permettre d'être heureux et épanoui, vous risquez d'attendre longtemps, et en vain. Alors si vous voulez être heureux et épanoui, commencez par changer votre monde intérieur et le monde extérieur suivra.

La voix de votre part spirituelle

Ce que nous apportons au monde nous reviendra.

De plus, la loi de l'analogie nous fait comprendre que tout, dans l'Univers, *est*. Tout simplement. Et ce qui est n'a du sens que par notre rapport à lui. Les choses n'ont de signification que par la signification que nous leur donnons. Le grand ou le petit, le lourd ou le léger, le bon ou le mauvais, le cher ou le bon marché existent à nos yeux parce que nous les mettons en relation, alors qu'en réalité les choses ne sont que ce qu'elles sont. Vous constaterez que votre vie devient aussitôt plus sereine dès l'instant où vous prenez conscience des jugements que vous portez sur les choses et les appréciez en fonction de ce qu'elles vous apportent. La situation devient beaucoup plus simple à partir du moment où vous ne restez pas figé dans vos convictions, mais remettez systématiquement en question ce que vous vivez et percevez. Apprenez à vous poser les bonnes questions au lieu de vous laisser bloquer par vos propres convictions.

Si j'aime passer autant de temps avec les enfants, c'est en partie parce qu'ils remettent constamment en question les agissements des adultes. Si les fameux

« Pourquoi… ? » rendent fous la plupart des parents, c'est parce que les enfants demandent systématiquement « Pourquoi » à chaque réponse qu'ils reçoivent. Nous pouvons en apprendre beaucoup de leurs questions incroyablement pertinentes. Les enfants possèdent ce don infiniment précieux de ne pas prendre les choses pour argent comptant, mais de vouloir comprendre pourquoi elles sont ainsi et pas autrement. Au cours des prochaines vingt-quatre heures, amusez-vous à imaginer que vous êtes redevenu un enfant de 4 ans. Et demandez-vous à chaque fois : « Pourquoi est-ce que je pense cela ? Pourquoi est-ce que je fais cela ? Est-ce que cela fait sens par rapport à la vie que j'ai envie de vivre ? Ne pourrais-je pas penser et agir autrement ? »

Autorisez-vous à mettre en doute vos jugements et commencez à façonner votre monde intérieur en fonction de ce que vous aimeriez percevoir dans votre monde extérieur. Car derrière chaque problème se cache une question qui attend sa réponse et chaque question attend votre réponse, celle qui vous montre une autre manière de vivre votre vie.

3. Loi de la vibration

« Rien ne repose ; tout remue ; tout vibre. »

■ **Le Kybalion**

Tout, dans cet Univers, est constamment en mouvement, tout vibre, rien ne reste inerte, immobile. En tant qu'êtres humains, nous prenons conscience de cette vibration à travers nos émotions et nos sentiments. Chaque pensée, chaque sentiment, chaque émotion possède sa propre vibration. Selon que nous nous sentons bien ou mal, notre vibration est basse ou élevée. Des sentiments tels que la peur, la honte, la colère, l'envie ou la tristesse possèdent une fréquence vibratoire plus basse que la joie, l'amour et la gratitude, par exemple. Nous sommes capables de percevoir cette différence vibratoire à travers la légèreté ou, au contraire, la lourdeur que tel ou tel sentiment suscite en nous. Nous pouvons déterminer nous-mêmes notre fréquence vibratoire en transformant nos pensées et nos sentiments. Il faut savoir que nos sentiments et nos émotions exercent une influence considérablement plus forte sur notre fréquence vibratoire que nos pensées. Vous pouvez considérer votre vibration et sa fréquence comme les notes d'une mélodie.

Chaque sentiment et chaque pensée ont un son et produisent ensemble une mélodie unique. Vous êtes le compositeur de la mélodie de votre vie. La caisse de résonance de votre mélodie est votre corps physique, et son élément essentiel votre cœur. Le cœur est le premier organe humain à se former dans le ventre maternel, bien avant le cerveau. Il possède un champ magnétique cinquante mille fois plus puissant que celui du cerveau (Source : étude du HeartMath Institute). À travers son champ magnétique d'une portée d'environ 2,50 mètres, votre cœur attire tout ce qui entre en résonance avec vos croyances. Il traduit vos convictions et les émotions qui en résultent en vibrations qui, à leur tour, attirent dans votre vie tout ce qui vibre à la même fréquence qu'elles.

Ce phénomène se nomme aussi la loi de l'attraction. Vous ne pouvez attirer dans votre existence que ce qui vibre à la même fréquence que ce dont vous êtes intimement convaincu et ce à quoi vous croyez profondément. Une vibration ne porte pas de jugement de valeur, mais dit toujours oui à tout ce qui vibre à la même fréquence qu'elle.

Par conséquent, le facteur le plus important pour vous créer la vie dont vous rêvez est de croire du plus profond de votre cœur que ce rêve est possible et d'en être convaincu émotionnellement, de le ressentir dans chaque cellule de votre corps. Car les choses en lesquelles nous croyons de tout notre cœur sont, au final, plus fortes que n'importe quelle pensée.

La voix de votre part spirituelle

Soyez vous-même l'énergie que vous voulez attirer dans votre vie.

Connaître la loi de la vibration vous donne le pouvoir de vous créer une vie hors du champ de vos représentations mentales actuelles. La seule chose à faire est d'incarner vous-même l'énergie que vous voulez attirer dans votre existence et d'élever votre propre fréquence vibratoire à celle que vous désirez atteindre. Si vous souhaitez davantage d'amour et de confiance dans votre vie, mettez-vous chaque jour dans cette énergie. Tout commence avec vous et par vous. Si vous désirez davantage d'abondance, commencez à faire grandir en vous un sentiment de gratitude et à faire preuve de générosité envers les autres, puis incarnez ces valeurs dans votre attitude habituelle.

Commencez à souhaiter aux personnes de votre entourage ce que vous vous souhaitez à vous-même et aidez-les à concrétiser leurs rêves. Soyez vous-même la vibration à laquelle vous aspirez. Vivez consciemment à partir du centre de votre cœur dont la vibration naturelle est celle de l'amour et de la joie. La joie est un état dépourvu de peur, de culpabilité et de doute. Elle est l'énergie qui, naturellement, met tout en mouvement et nous met en paix avec nous-mêmes. Si vous vivez à partir de cette attitude intérieure et focalisez toute votre attention sur l'accès à cette vibration, vous allez attirer à vous l'énergie correspondante.

Vous vous demandez peut-être : « Mais comment puis-je élever ma fréquence vibratoire ? » Il est important de savoir que les émotions et les sentiments négatifs font, eux aussi, tout naturellement partie de notre expérience humaine et qu'ils ont leur place dans notre vie. Ils constituent même un aspect fondamental de notre GPS émotionnel en nous indiquant que nous avons tourné au mauvais endroit, que nous avons pris la mauvaise sortie ou que nous roulons trop vite. Les sentiments négatifs sont, comme les émotions positives, des poteaux indicateurs sur notre route ; grâce à eux, nous savons si nous sommes en accord ou, au contraire, en désaccord, avec le sens que nous donnons à notre vie. Plus vous êtes relié à vous-même et à vos sentiments ou vos émotions, plus il vous sera facile de déchiffrer les indications de votre GPS et d'orienter votre vie vers la direction que vous souhaitez prendre – le bonheur et l'épanouissement, par exemple. Votre objectif n'est pas d'être dégagé définitivement de tout problème, car les problèmes sont un espace de croissance, mais de pouvoir rester heureux et épanoui y compris dans les moments les plus difficiles et d'avoir conscience que votre vibration émotionnelle influe sur votre vie.

Vous pouvez vous représenter les différentes fréquences vibratoires sous la forme d'une échelle où chaque barreau doit être considéré individuellement. Il y aura des jours où vous vous situerez relativement bas sur l'échelle vibratoire parce que vous éprouverez du chagrin. Vouloir vous propulser d'un coup jusqu'au barreau correspondant à la fréquence de la joie ne vous mènerait qu'à la frustration, car entre le barreau du chagrin et celui de la joie, vous avez encore bien d'autres barreaux à grimper tels que la colère, la peur, le sentiment d'impuissance, la neutralité, la confiance, la sérénité et, enfin, la joie. Chaque barreau de l'échelle a sa raison d'être et son message à vous délivrer. Autorisez-vous à gravir les barreaux un à un et, à chaque fois, à vous demander pourquoi vous éprouvez ce sentiment et ce qu'il a à vous dire. À chaque échelon, demandez-vous ce que vous pourriez faire là, maintenant, pour vous sentir un peu mieux. Quelles pensées pourraient vous faire du bien ? C'est ainsi que vous monterez progressivement les barreaux de l'échelle, autrement dit élèverez pas à pas, avec bienveillance, votre fréquence vibratoire.

Sur chaque barreau, il existe différentes choses à faire au niveau physique, mental et émotionnel pour élever votre vibration. Sur le plan corporel, vous pouvez, par exemple, danser, faire du sport, bouger, vous promener, embrasser les gens que vous aimez ou cuisiner. Sur le plan mental, les affirmations positives, en contribuant à accroître votre confiance en vous, peuvent vous aider à développer un état d'esprit aimant et bienveillant. Si vous les répétez régulièrement, elles influencent votre inconscient et renforcent votre mental. Voici quelques exemples d'affirmations positives :

«Je suis aimé(e).»
«Je vis dans l'abondance.»
«Je suis un cadeau pour le monde.»
«J'attire ce qui est bon et bien pour moi.»
«Je suis puissamment créateur/créatrice de ma vie.»

Les affirmations positives sont les plus efficaces si vous parvenez à les ressentir au niveau émotionnel et à les visualiser. Votre inconscient réagit particulièrement fort aux images chargées d'émotions positives. C'est la raison pour laquelle vous contenter de prononcer vos affirmations sans y mettre de charge émotionnelle ne sert quasiment à rien. En cas de conflit entre votre raison (le conscient) et votre émotion ou votre sentiment (l'inconscient), c'est toujours votre inconscient qui gagnera. Alors si vous voulez attirer l'abondance dans votre vie, ne pensez pas seulement «Je vis dans l'abondance», mais ressentez cette abondance dans votre cœur et dans chaque cellule de votre corps. Autrement dit, soyez dans la gratitude active.

Un bon moyen de vous entraîner à l'être est de prendre l'habitude, chaque matin au réveil et chaque soir au coucher, de vous imaginer en train de vivre réellement cette affirmation positive et de sentir ce que cela vous fait à l'intérieur de vous.

Concrètement, répétez en pensée l'affirmation «Je vis dans l'abondance» et voyez-vous en train de vivre une vie d'abondance. Que feriez-vous de cette journée qui commence ? Quelles choses magnifiques verriez-vous se produire ? Quelles décisions prendriez-vous ? Puis laissez la gratitude envers toutes ces choses merveilleuses circuler dans votre cœur. Sentez l'abondance présente dans votre vie, rendez-la palpable. Le soir, repassez dans votre tête tout ce qui vous a plu dans la journée, toutes les personnes que vous avez rencontrées, la joie que vous avez apportée dans leur vie, le délicieux repas que vous avez préparé, etc. C'est en visualisant votre affirmation positive que vous lui permettrez de se connecter directement à votre cœur et de développer toute sa puissance. Vous pouvez étendre la visualisation et la répétition de vos affirmations à vos objectifs et à vos désirs à moyen et long termes. Dès maintenant, n'hésitez pas à activer la joie à l'intérieur de vous et à vous sentir infiniment reconnaissant à l'égard de la satisfaction qu'elle vous procure. Vous allez constater que la gratitude et la joie qui lui est associée constitue l'outil le plus puissant dont nous disposons pour élever notre fréquence vibratoire en l'espace de quelques secondes.

Au début de ce livre, je vous ai donné onze exercices efficaces à pratiquer pour activer votre force créatrice, ce qui revient précisément à élever votre niveau vibratoire. Prenez le temps de les relire et de les intégrer à votre quotidien.

La loi de la vibration nous réserve un autre cadeau : elle nous apprend que tout circule, que rien ne reste statique, que tout se transforme. Au cours des sept dernières années, votre corps s'est renouvelé une fois en totalité. Sur le plan physique, vous n'êtes plus, aujourd'hui, ce que vous avez été hier. Beaucoup de gens disent « Je » en pensant à leur corps. Pourtant, ce corps n'est jamais quelque chose de fixe et de constant, il se renouvelle à tout instant, sans interruption. Votre « Je » d'hier n'existe plus. La seule chose qui existe, c'est l'instant présent et tout ce qui est autorisé à s'y développer. Avoir conscience de la transformation continuelle de tout ce qui existe dans cet Univers, y compris de vous-même, peut vous aider énormément à considérer votre processus de développement personnel comme quelque chose qui va de soi. Il n'y a aucune raison d'avoir peur de changer ou d'essayer de vous y opposer puisque ce serait lutter contre un processus totalement naturel et impossible à modifier. La seule chose qui ne change pas dans l'Univers, c'est le changement. Accepter les transformations de la vie et leur caractère immuable va vous donner une toute nouvelle liberté intérieure.

4. Loi de la polarité

« Tout est double ; toute chose possède des pôles ; tout a deux extrêmes ; semblable et dissemblable ont la même signification ; les pôles opposés ont une nature identique mais des degrés différents ; les extrêmes se touchent ; toutes les vérités ne sont que des demi-vérités ; tous les paradoxes peuvent être conciliés. »

■ **Le Kybalion**

Tout a son pendant, sa contrepartie. Le jour et la nuit, le féminin et le masculin, le chaud et le froid, la clarté et l'obscurité, l'amour et la haine, la joie et la tristesse, la pauvreté et la richesse, la bonne santé et la maladie, la solitude et la compagnie. Rien n'existe dans l'Univers sans son contraire, mais les deux sont les deux pôles d'une seule et même chose. La chaleur et le froid sont les deux pôles de ce que nous appelons la température, la clarté et l'obscurité sont les deux pôles de ce que nous appelons la lumière, l'amour et la haine sont les deux pôles de ce que nous appelons les sentiments. Là où il y a beaucoup de haine, il y a généralement peu d'amour, et là où il y a beaucoup d'amour, il y a souvent peu de haine, mais là où il y avait de l'amour, la haine peut surgir, et là où il y avait de la haine, l'amour peut surgir. Les deux sont deux degrés d'une seule et même chose. Si nous ne connaissions pas l'amour, nous ne pourrions pas expérimenter la haine, et sans la haine nous ne saurions pas ce qu'est l'amour. Le statut de parent nous permet aussi de comprendre parfaitement ce phénomène : nous éprouvons un amour infini et inconditionnel à l'égard de notre enfant et, au même moment, la peur terrible qu'il lui arrive quelque chose. La peur naît de l'amour. Elle ne lui est pas extérieure. De même, la richesse et la pauvreté sont les deux pôles de l'argent. Elles ne sont pas séparées, mais constituent deux gradations différentes d'une seule et même chose et, là encore, la pauvreté peut naître là où il y avait richesse et inversement.

La force de la transformation consiste à reconnaître que nous devons nous concentrer sur le pôle opposé dès lors que nous souhaitons changer quelque chose dans notre vie. Il s'agit de glisser le long d'une échelle horizontale grâce à une nouvelle orientation donnée à notre attention. Cela signifie aussi que là où le bien existe, le mal existe aussi, et inversement. De même que la lumière porte toujours l'ombre en elle et que l'ombre est inséparable de la lumière.

Vous pouvez transposer la connaissance de ce phénomène sur plusieurs plans de votre existence et de votre force créatrice. Premièrement, la loi de la polarité peut vous aider à aller d'un pôle à l'autre en transformant votre propre vibration et la direction de votre attention. Par exemple, si vous expérimentez la pauvreté dans votre vie, vous savez, en vertu de la loi de polarité, que la richesse existe aussi en vous. De même, vous pouvez être sûr que là où il y avait de la haine, l'amour peut naître. La loi de la polarité vous montre que dans toute situation prétendument mauvaise quelque chose de bien vous attend et, si vous ne laissez pas l'aspect négatif de la situation influencer négativement votre vibration, vous pouvez trouver beaucoup plus facilement son bon côté et l'intégrer dans votre existence.

Plus vous tirerez profit de ce jeu des équilibres et des compensations en refusant de rester scotché à l'un des deux pôles, plus vous pourrez expérimenter la paix et la sérénité. Cela vaut également pour les parts d'ombre et de lumière que vous portez en vous. Nous possédons tous les deux pôles en nous, mais le plus souvent, nous avons honte de notre part d'ombre. Nous la rejetons et tentons de la dissimuler au monde parce que nous croyons qu'elle nous ferait apparaître comme des êtres incomplets ou défectueux. Pourtant, c'est justement notre part d'ombre qui nous rend complets en exprimant une dimension importante de notre être et, en ce sens, elle a parfaitement sa raison d'être. Étant donné que la nature tend toujours vers l'harmonie et la recherche d'un équilibre entre les deux pôles, votre part d'ombre trouvera toujours le moyen d'émerger inopinément à la surface tant que vous ne l'accepterez et ne l'intégrerez pas. Elle constitue l'un des pôles de votre personnalité, elle attire votre attention sur certaines de vos convictions intérieures et tout ce qu'elle cherche, c'est à pouvoir s'exprimer.

La voix de votre part spirituelle

Votre part d'ombre fait autant partie de vous que votre part de lumière. Ce sont les deux qui font de vous un être complet.

Lutter contre votre part d'ombre et croire que vous ne serez aimé que si vous montrez aux autres votre part lumineuse va, à la longue, vous mener tout droit à la frustration et à la déception. Je le répète : ces deux parts font partie de vous et vous ne pouvez être complet qu'avec les deux. Alors acceptez de les intégrer dans votre existence et de leur donner la place dont elles ont besoin pour créer en vous harmonie et équilibre. Prenez du temps pour vous, détendez-vous, asseyez-vous à un endroit confortable et fermez les yeux. Sentez ce qui se passe à l'intérieur de vous et répondez aux questions suivantes en faisant preuve de bienveillance à votre égard et d'un maximum d'objectivité :

«Quelles expériences de votre vie vous amènent à éprouver un rejet vis-à-vis de vous-même? Quelles expériences refusez-vous de regarder en face?»
«Quels traits de votre personnalité avez-vous du mal à accepter?»
«En quoi vous sentez-vous incomplet?»
«Dans quelles situations êtes-vous extrêmement perfectionniste et très sévère à l'égard de vous-même?»

Maintenant, imaginez que vous communiquez directement avec votre part d'ombre en lui disant que vous souhaitez faire la paix avec elle. En adoptant une attitude bienveillante, demandez-lui pour quelle(s) raison(s) elle est là, quelle évolution elle vous réserve et ce dont elle a besoin pour se sentir vue et aimée. Vous allez vous rendre compte qu'elle va créer une toute nouvelle harmonie dans votre vie si vous acceptez de la reconnaître et d'entendre son message. Laissez la gratitude à l'égard des deux parts de vous-même et de vos expériences passées devenir votre vérité intérieure et reconnaissez la perfection absolument imparfaite que vous êtes. Vous êtes complet!

5. Loi du rythme

« Tout s'écoule, au-dedans et au-dehors; toute chose a sa durée; tout évolue puis dégénère; le balancement du pendule se manifeste dans tout; la mesure de son oscillation à droite est semblable à la mesure de son oscillation à gauche; le rythme est constant. »

Le Kybalion

La loi du rythme repose sur la loi de la polarité et signifie que tout, dans l'Univers, est soumis à un rythme donné, oscille à droite et à gauche tel un pendule et cherche à trouver son équilibre. Dans la nature, ce rythme se manifeste dans les marées, le lever et le coucher du soleil, et les quatre saisons. La loi du rythme se reflète aussi dans le cycle de la naissance, de la vie, de la mort et de la renaissance, ainsi que dans l'inspiration et l'expiration ou le sommeil, l'état de veille et les rêves.

L'application de cette loi au quotidien m'a très souvent aidée à développer une attitude calme et stoïque dans les périodes de crise et à me dire que même ces épreuves allaient avoir une fin, que la lumière était au bout du tunnel et qu'un nouveau départ m'attendait. Rien ne dure éternellement et, aussi difficile que puisse être l'instant que vous êtes en train de vivre, il va passer. Même si cette attitude ne vous épargne pas la souffrance ou la déception, personnellement elle m'a aidée à ne pas me laisser dévier de ma trajectoire par les tragédies que je vivais, mais à garder le cap. Cette loi est également une aubaine pour des gens comme moi qui ont tendance à se montrer très impatients, car elle nous apprend que tout vient en son heure et qu'il est parfois contre-productif de vouloir tout faire en même temps alors qu'il serait si simple de laisser aux choses le temps dont elles ont besoin pour se faire.

Il ne viendrait pas à l'idée d'un cultivateur d'abattre ses arbres fruitiers à l'automne simplement parce qu'ils perdent leurs feuilles et de croire qu'ils ne refleuriront pas au printemps. Le cultivateur sait que ses arbres fruitiers ont leur propre rythme et qu'ils laissent tomber leurs feuilles pour pouvoir porter de nouveaux fruits l'année suivante. Il fait confiance à ce rythme naturel et va attendre patiemment jusqu'à l'été prochain pour pouvoir faire ses récoltes. À l'instar de l'arbre et de tout ce qui existe dans l'Univers, chaque être humain possède son rythme propre et le respecter lui permet à la fois de rester en bonne santé et de récolter sans cesse de nouveaux fruits. L'augmentation du nombre de *burn-out* montre que travailler sans relâche, sans prendre le temps de nous accorder le moindre moment de détente, nous rend malades. J'aime travailler, mais avant de prendre conscience de la loi de rythme, j'avais trop tendance à dépasser mes propres limites, ce qui m'a conduite à frôler plusieurs fois l'épuisement. En tant que femme soumise à un cycle menstruel, je possède aussi mon propre rythme biologique, et ma vie est devenue nettement plus simple depuis que je l'écoute davantage que les exigences extérieures. Je sais que j'ai des périodes où je suis pleine d'énergie et où je peux prendre de bonnes décisions, mais je sais aussi quand il est préférable que je me repose et que j'accorde à mon corps le calme et la détente dont il a besoin.

La voix de votre part spirituelle

Travaillez dur – et reposez-vous suffisamment. Plus vous serez détendu et reposé, plus vous serez efficace.

Il m'a fallu longtemps pour comprendre que je ne me rendais pas service en étant tout le temps à courir à droite à gauche sans jamais m'arrêter, mais depuis que je m'autorise à suivre mon rythme personnel, je n'ai jamais été aussi efficace et en bonne santé. Je savoure chaque instant, je m'accorde des pauses pour recharger mes batteries, mais quand je travaille, je travaille. La peur de ne plus y arriver ou d'être moins efficace si l'on fait des pauses est totalement mise à mal par la loi du rythme. Vous constaterez qu'une toute nouvelle dynamique peut émerger dans votre vie dès lors que vous laissez tomber le «il faut travailler à tout prix» et apprenez à vous faire confiance.

Soyez convaincu que, à l'image de l'arbre fruitier en été, vous allez porter de nouveaux fruits encore plus sains, plus abondants et plus goûteux parce que l'arbre que vous êtes est en bonne santé et se repose suffisamment. Alors trouvez votre rythme propre et respectez-le quoi qu'il arrive.

6. Loi de cause à effet

« Toute cause a son effet ; tout effet a sa cause ; tout arrive conformément à la loi ; la chance n'est qu'un nom donné à la loi méconnue ; il y a de nombreux plans de causalité, mais rien n'échappe à la loi. »

■ **Le Kybalion**

Vous avez sans doute déjà entendu parler de cette loi sous le nom de karma. Elle stipule que rien dans l'Univers n'existe sans cause et que toute cause produit un effet. Rien ne se passe par hasard, même si nous en avons parfois l'impression sur le moment. Cela vaut aussi pour nos pensées, nos paroles et nos actes. Chaque pensée provoque dans l'Univers des enchaînements causals qui produisent certains effets. C'est la raison pour laquelle la méditation et la pleine conscience sont si précieuses pour notre propre processus de création : elles nous aident à prendre conscience du flux quasiment ininterrompu de nos pensées et à ne pas le laisser aveuglément se dérouler jour après jour, tel un film qui se répète indéfiniment.

La plupart des individus n'ont guère conscience de ce qu'ils pensent ou disent à longueur de journée et, par conséquent, se sentent parfois impuissants face à la vie, comme s'ils étaient le jouet des événements. Alors que c'est le contraire, en vérité : ils se créent leur propre réalité en fonction de leurs pensées inconscientes et n'ont pas conscience des effets qu'elles produisent. Grâce à la méditation et à une pratique régulière de la pleine conscience, vous pouvez apprendre à diriger votre attention sur le moment présent et, dans un premier temps, à prendre conscience de toutes les pensées qui vous traversent à longueur de journée. Puis, dans un second temps, vous pouvez orienter votre attention et vos pensées vers l'effet que vous voudriez qu'elles produisent dans votre vie. Tous les jours, pendant une à deux minutes, prenez l'habitude de focaliser votre attention sur votre respiration et contentez-vous d'observer l'air entrer et sortir rythmiquement de vos poumons.

Cet exercice, bref mais très efficace, va vous aider à entraîner votre attention et à vivre de plus en plus dans l'ici et maintenant. L'instant présent est le sol sur lequel vous semez vos pensées et sur lequel tout le reste va pousser. Si vous prenez soin de ce sol et semez des pensées à la fois positives et bienveillantes, vous verrez fleurir de belles choses dans votre vie.

La voix de votre part spirituelle

Dans la vie, nous recevons à hauteur de ce que nous sommes prêts à demander.

Montrez-vous absolument inflexible à l'égard de votre attention vigilante et considérez-la comme votre plus grand trésor, un bien ultra précieux que vous n'échangeriez pour rien au monde. Toute l'industrie publicitaire réclame votre attention, toutes les plates-formes des réseaux sociaux sont conçues de manière à ce que vous y passiez le plus de temps possible, et il faut savoir que les êtres humains passent en moyenne douze ans de leur vie à regarder la télévision. Si vous voulez vous créer une vie d'exception, vous devez apprendre à traiter votre attention comme votre ressource la plus précieuse ayant pour seule utilité d'engendrer la vie que vous voulez vivre. Utilisez-la pour la diriger consciemment vers ce que vous voudriez voir se produire dans votre existence. Plus vous saurez clairement l'effet que vous voulez qu'elle produise, plus il vous sera facile de passer à l'action. Si vous avez envie d'atteindre les objectifs que vous vous fixez, vous avez besoin de toute votre attention et d'actes concrets.

Depuis que j'ai compris la loi de cause à effet, je me formule tous les matins une intention pour la journée à venir. Formuler une intention consiste à focaliser votre attention sur une expérience précise que vous voudriez vivre et, à cet effet, à semer consciemment les bonnes graines au niveau de la cause.

Voici quelques exemples d'intentions :

« Je me crée une vie d'abondance. »

« Je suis présent(e) et conscient(e) à cet instant. »

« Je cultive, je respecte et j'honore mon attention. »

« Je vis à partir de mon cœur. »

« J'atteins tous mes objectifs avec une facilité déconcertante. »

« Je suis un(e) ami(e) formidable et bienveillant(e). »

« J'apporte le bien dans le monde. »

« Je me focalise sur mes points forts. »

« J'obtiens ce que je suis prêt(e) à demander. »

« Je m'autorise à développer librement ma force créatrice. »

« Je laisse toutes mes actions être l'expression de l'amour. »

Tirez profit de la loi de cause à effet en ayant conscience que vos pensées ont une force créatrice et produiront donc un effet en fonction de leur contenu. Plus votre intention sera claire et plus vous dirigerez votre attention sur vos objectifs et vos désirs, plus vous utiliserez efficacement cette loi dans votre vie et dans votre propre intérêt.

7. Loi du genre

« Il y a un genre en toutes choses ;
tout a ses principes masculin et féminin ;
le genre se manifeste sur tous les plans. »

■ Le Kybalion

La véritable force créatrice se développe à travers la réunion des principes masculin et féminin. Il ne s'agit pas du genre au sens sexuel du terme, mais de l'énergie masculine et de l'énergie féminine qui existent dans toute création et peuvent être mises en mouvement justement par la création. Tout ce qui existe possède des énergies masculine et féminine.

Bien sûr, nous, créatures humaines, possédons également ces deux énergies en nous. Nous retrouvons ces deux principes dans notre hémisphère cérébral droit (principe féminin : intuition, créativité et émotions) et notre hémisphère gauche (principe masculin : logique, rationalité) et il est clair que la pensée (le principe masculin) et le sentiment (le principe féminin) doivent s'accorder pour mettre en marche n'importe quel processus créateur.

C'est le principe masculin qui dirige son énergie vers le principe féminin et le principe féminin qui accueille cette énergie et accomplit le travail de création. On peut assimiler le principe masculin à l'élément qui donne, qui émet vers l'extérieur, et le principe féminin à l'élément qui reçoit. Aucune des deux énergies n'est plus puissante ou plus importante que l'autre, elles existent à égalité et seule leur union peut donner lieu à une nouvelle création.

La voix de votre part spirituelle

Accordez autant de valeur au principe masculin qu'au principe féminin en vous. Car seule leur union peut mettre en mouvement le processus de création.

Chaque individu de sexe masculin possède une part féminine en lui, tout comme chaque personne de sexe féminin possède une part masculine en elle. Avoir conscience que ces deux parts sont présentes en chacun de nous nous aide énormément dans notre propre processus de création et dans la concrétisation de nos désirs ou de nos objectifs. Malheureusement, ce qui fait souvent obstacle à nos réalisations, c'est que nous avons tendance à rejeter ou réprimer l'une de ces deux parts en nous ou à valoriser davantage l'une des deux, ce qui revient au même, provoquant ainsi un déséquilibre intérieur. Si nous rejetons notre part masculine, nous avons généralement du mal à passer à l'action, à élaborer des projets, à nous jeter à l'eau et à concrétiser vraiment nos objectifs. Nous nous empêchons d'aller de l'avant avec dynamisme. En revanche, si nous refusons notre part féminine, nous avons souvent du mal à accepter de recevoir telle ou telle chose (par exemple, à recevoir de l'argent en échange de notre travail) et nous ne nous autorisons pas à faire une pause, à nous détendre et à donner au processus de création le temps dont il a besoin pour prendre forme. Ce n'est qu'en acceptant complètement nos deux parts avec bienveillance que nous pouvons activer notre force créatrice de façon optimale et créer dans l'aisance et la fluidité plutôt que dans l'effort et la volonté acharnée.

Lorsque j'ai commencé à valoriser ces deux parts de moi-même, j'ai constaté une énorme différence au niveau de la joie et de la légèreté que je mettais dans mon travail. J'ai pu choisir mon énergie en toute conscience, décider de laquelle des deux j'avais besoin à tel ou tel moment, et l'activer en moi. Par exemple, lorsque je suis en train de négocier un contrat ou que j'ai envie de lancer un nouveau projet, j'active mon énergie masculine, et j'utilise cette force intérieure pour défendre clairement ma position et procéder de manière stratégique. En revanche, lorsque j'ai envie de créer, de développer de nouvelles idées ou d'écrire, je sollicite ma part féminine, intuitive et créative. J'ai compris que le repos et la réceptivité sont tout aussi précieux que le travail et l'activité, et doivent s'équilibrer.

Il arrive fréquemment que notre intime conviction de la part de nous-même soi-disant la plus apte à assurer notre survie remonte à notre enfance. Car c'est là que nous avons appris à utiliser cette énergie pour nous en sortir. Par exemple, si nous avons eu un père violent, nous allons probablement avoir tendance à juger le principe féminin plus digne de confiance et plus sécurisant, alors que nous vivrons plus activement le principe masculin si, par exemple, nous avons été abandonnés très jeunes par notre mère. C'est pour cette raison que j'ai vécu pendant très longtemps sur le pôle masculin et rejeté presque totalement ma féminité. Du coup, je n'ai pas eu accès à mon intuition et à ma créativité pendant de longues années, et je me suis tuée au travail, ne m'autorisant quasiment jamais à souffler un peu. Ce n'est qu'en travaillant sur mon histoire et à la guérison de mes expériences passées que j'ai pu rééquilibrer les deux énergies en moi et comprendre qu'elles étaient fiables toutes les deux.

Il est probable que vous êtes en train de réfléchir à cette question et de vous demander lequel des deux principes vous privilégiez dans votre vie. Dans les jours qui viennent, essayez de sentir consciemment si vous donnez davantage de place à votre part masculine ou à votre part féminine et, si vous constatez que vous privilégiez l'une des deux, tentez d'y remédier en renforçant la part rejetée, méprisée ou dévalorisée. Vous allez sentir à quel point votre vie va devenir plus simple, plus fluide et plus légère si vous laissez s'exprimer les deux énergies en vous.

Exercice

Alignez-vous quotidiennement sur les lois naturelles de l'Univers

L'application active des sept lois naturelles de l'Univers peut avoir une influence positive sur les domaines les plus variés de votre vie. Vous vous sentirez plonger dans le flot de votre force créatrice et verrez s'ouvrir des possibilités insoupçonnées jusque-là. Plus vous progresserez dans la confiance et vous donnerez pour mission d'être dans la joie, plus vous vous rendrez compte que la vie n'est pas un combat mais un jeu auquel vous pouvez prendre plaisir.

Utilisez ce petit exercice pour vous aligner quotidiennement sur les lois naturelles de l'Univers et élever votre fréquence vibratoire. À cet effet, réservez-vous un moment, chaque matin après votre séance de méditation, pour répéter à haute voix les phrases suivantes. Sentez l'énergie et la force qui ne demandent qu'à se déployer à l'intérieur de vous lorsque vous vivez en harmonie avec ces sept principes :

« Je manifeste dans ma vie ce à quoi je crois du plus profond de mon cœur. »

« Mes pensées ont une force créatrice. »

« Tout, dans l'Univers, est vibration. »

« Lorsque je suis en joie, je vibre sur la fréquence de l'amour et j'attire ainsi encore plus de joie dans ma vie. »

« Il est aussi important de donner que de recevoir, de recevoir que de donner. »

« Je vis à partir de mon cœur et je renforce ce qui est bon et bien dans le monde. »

« J'agis en accord avec les principes masculin et féminin à l'intérieur de moi. »

« Je me sens parfaitement en accord avec les lois de l'Univers. »

« Ce moment est sacré. »

Mes remarques et mes conclusions :

....

....

....

....

....

....

....

....

....

....

....

....

....

....

....

....

....

....

....

....

....

....

....

....

....

....

Laissez briller votre lumière !

J'espère du fond du cœur que ce livre vous donne envie de suivre votre propre chemin et de partager votre lumière avec le monde.

N'oubliez jamais que vous êtes relié à une source infinie d'amour et d'énergie qui vous accompagne avec bienveillance sur votre chemin. Dans votre vie, donnez la priorité absolue à votre désir de vous autoriser l'accès à cette source et de faire de votre vie un véritable chef-d'œuvre en vous sentant constamment en connexion avec l'Univers. Ne repoussez pas plus longtemps votre bonheur et votre épanouissement. Car votre bonheur est là, entre vos mains à l'instant présent, et il attend que vous le découvriez. Si vous n'êtes pas ici, c'est que vous êtes nulle part. Le ciel sur la terre est déjà ici et maintenant.

Vivez vraiment avec tout ce que vous êtes – votre souffrance, vos ombres, vos aspirations, votre lumière, votre amour et toutes les choses que vous avez à offrir au monde. Vous êtes complet. Vous n'avez rien à attendre pour vous jeter à l'eau et vous mettre en route. Vous portez tout ce dont vous avez besoin dans votre cœur. Écoutez la voix à l'intérieur de vous qui croit en vous et qui sait que vous êtes ici pour faire la différence sur cette Terre. Donnez-vous pour mission essentielle de vivre votre bonheur, de développer votre énergie positive et de transmettre votre lumière à chaque personne qui vous entoure. Ici et maintenant est le bon moment pour vous ouvrir à votre vie et lâcher tout ce qui vous limite et restreint vos ambitions. Reconnaissez-vous et reconnaissez le cadeau que vous êtes pour le monde.

Vous ne serez jamais seul(e) sur votre chemin si vous restez toujours en contact avec la force suprême de l'Univers : l'amour en vous.

Alors rayonnez de tout votre éclat !

Laura

Remerciements

Écrire ce livre fut pour moi un souhait provenant du plus profond de mon cœur, un désir que je ne pouvais pas ignorer plus longtemps. Alors j'éprouve une reconnaissance infinie envers toutes les personnes qui m'ont soutenue dans ce projet, qui m'ont offert le temps et l'espace dont j'avais besoin et qui me rappellent constamment la lumière que je porte en moi malgré tous mes doutes.

Merci, Paul, pour ta patience, ta sérénité intérieure, ton amour, ton rire et ta capacité à valoriser systématiquement ce que j'ai de meilleur en moi. Je t'aime au-delà de ce que je peux exprimer avec des mots, et je te remercie d'être à mes côtés, chaque jour qui passe.

Je remercie ma famille, mes parents, ainsi que mes frères et sœurs pour cette cohésion incroyable que nous avons tous ensemble, cette solidarité qui nous permet d'évoluer dans l'amour et me redonne régulièrement force et énergie.

Un grand merci à ma meilleure amie Dominique. Merci à toute ma formidable équipe – Sarah, Claudi, Alex, Paulina, Farina et Paul. Merci pour tout votre amour, votre lumière. Je savais que je pouvais compter sur vous et, grâce à votre soutien précieux, ce livre a pu voir le jour.

Merci à toute l'équipe de Rowohlt, notamment à Ricarda pour ses conseils, son enthousiasme et son soutien indéfectible. Ricarda, tu as cru aussi fort que moi au message de ce livre, et je t'en suis infiniment reconnaissante.

Enfin, c'est avec une humilité profonde que je remercie les grands maîtres spirituels, hommes et femmes, tous ces précurseurs et maîtres à penser qui, depuis des millénaires, nous font partager leur savoir et nous transmettent des messages essentiels dont je me suis inspirée pour écrire ce livre.

Bibliographie

Le Kybalion par Trois Initiés, Edimaf (Éditions Maçonniques de France), 2014.

Trois Initiés, *Le Kybalion : Étude sur la philosophie hermétique de l'ancienne Égypte et de l'ancienne Grèce*, Librairie du Magnétisme, 1997.

Joe Dispenza, *Le placebo, c'est vous ! – Comment donner le pouvoir à votre esprit*, Ariane, 2015.

Ulrich Emil Duprée, *Ho'oponopono : le rituel hawaïen du pardon*, Éditions Contre-Dires, 2012.

Kalashatra Govinda, *Atlas des Chakras : Exercices d'activation-utilisation de couleurs, mantras, huiles essentielles, pierres précieuses*, Macro Éditions, 2017.

HeartMath Institute® : https://www.heartmath.org/research/research-library/relevant/the-resonant-heart/

Napoleon Hill, *Réfléchissez et devenez riche*, J'ai Lu, Collection Bien-être, 2011.

Byron Katie, *Aimer ce qui est : quatre questions qui peuvent tout changer dans votre vie*, Synchronique, collection Esprit contemporain, 2018.

Robert T. Kiyosaki, *Père riche, père pauvre,* Un monde différent, 2017.

Nick Ortner, *La Tapping Solution – Comment guérir avec l'EFT,* Trédaniel, 2014.

Laura Malina Seiler, *À moi le bonheur ! – L'art de rayonner de l'intérieur,* Larousse, 2018.

USA Foundation for Inner Peace, *Un cours en miracles* – Nouvelle édition augmentée, Octave, Québec, 2014.

Doreen Virtue, *Magie divine : les sept principes sacrés de la manifestation – une nouvelle interprétation du manuel hermétique classique Le Kybalion,* Exergue, 2018.

Neale Donald Walsch, *Conversations avec Dieu – un dialogue hors du commun* (tome 1), J'ai Lu, 2003.

Neale Donald Walsch, *Conversations avec Dieu – La trilogie complète,* Ariane, 2009.

Table des matières

Je marche, je marche
Et l'Univers marche avec moi
Dans la beauté il marche devant moi
Dans la beauté il marche derrière moi
Dans la beauté il marche au-dessous de moi
Dans la beauté il marche au-dessus de moi
La beauté est partout
En marchant, je marche avec la beauté.

■ PRIÈRE NAVAJO TRADITIONNELLE

Notes

Direction de la publication : Sophie Descours
Édition : Sophie Descours
Couverture : François Lamidon
Mise en pages : PCA CMB
Fabrication : Rebecca Dubois

Les Éditions Larousse utilisent des papiers composés de fibres naturelles, renouvelables, recyclables et fabriquées à partir de bois issus de forêts qui adoptent un système d'aménagement durable. En outre, les Éditions Larousse attendent de leurs fournisseurs de papier qu'ils s'inscrivent dans une démarche de certification environnementale reconnue.

Achevé d'imprimer en Italie par
GRAFICA VENETA SPA
Dépôt légal : octobre 2019
324187/01-11041746 – septembre 2019
ISBN : 978-2-03-597974-2

PAPIER À BASE DE FIBRES CERTIFIÉES

LAROUSSE s'engage pour l'environnement en réduisant l'empreinte carbone de ses livres. Celle de cet exemplaire est de :
600 g éq. CO_2
Rendez-vous sur www.larousse-durable.fr